はじめに

　インターネット，スマートフォン，SNSなどの普及によって，価■■■■■■■■■■れたスマートフォンなどの情報端末で，さまざまな情報を手に入れられるように■■■■■。それだけに限らず，コミュニケーションにも活用されており，これらは生活の一部になっています。

　一方，ネット上のトラブルや詐欺事件，個人情報の流出，誹謗中傷など，さまざまな問題も起こっています。

　情報技術の発展に伴う影の部分が取り上げられることも多いですが，社会における諸問題の解決にビッグデータ，人工知能（AI）などが活用されるようになるなど，情報技術の発展は社会が大きく変化するきっかけにもなっています。これに伴って，デジタルトランスフォーメーション，デジタルシティズンシップといった新しい用語も出てきています。トラブルを回避するためにも，社会を発展させるためにも重要な役割を担うため，従来以上に，セキュリティの重要性も指摘されています。

　本書は，姉妹書である「事例でわかる情報モラル&セキュリティ」をもとに，大学生や社会人の方にも読んでいただける書物として編集し，書名を「超スマート社会を生きるための情報のセキュリティと倫理」としました。姉妹書の前半30テーマの漫画で描かれた事例部分は，形式は継承し内容を新しくしています。また，後半部分の解説では，情報セキュリティを意識しつつ，SNSなど社会で問題となっている項目，さらに，新しい用語の概念や事例についても触れています。

　私たちは，社会の変革の中で，より一層，主体的に考え行動することが求められています。本書を通して，必要な知識を身に付け，情報技術をうまく活用しながら，超スマート社会での生活が豊かになるように役立てていただければ幸いです。

●本書の構成と利用法

p.8〜67の本編を，30の項目に分け，それぞれの項目を見開き2ページで構成しました。はじめに二つのマンガで示した代表的な事例を中心に，以下のようなさまざまな観点での解説をすることで，問題点がわかりやすく，どのような対処をすればよいのかが理解できるようになっています。

※ **関連キーワード** では，重要用語(赤色でマーク，巻末の重要用語解説)などを取り上げています。

対策活用	社会の目	科学の目
マンガで示した事例をもとに，主体的に活用するための考え方を示しています。	その項目の問題を，社会生活や法律の面から解説しています。	その項目の問題を，科学や技術の面から解説しています。
その項目の内容の補足事項やトピックを取り上げています。	その項目の内容に関する予防法や対策法について説明しています。	その項目の内容に関連する問題点を示しています。

※本書にはインターネット上にダウンロードデータを
用意しております。
以下の URL から本書を検索してご活用ください。
https://www.jikkyo.co.jp/

目次

ICT の発展と社会情勢および関連法規のあゆみ

ICT関連技術サービス

1981
日本で初のネットワークの正式運用開始

1985
世界で初のコンピュータウイルス誕生

1995/7
Amazon.com のサービス開始

1995/11
日本で Windows95 発売

1995/1
阪神淡路大震災
安否情報にインターネットが利用される。

1995/5
日本初のインターネットカフェがオープン
東京と京都にそれぞれ1店舗。

1996/1
Yahoo!Japan サービス開始

1999/2
i mode サービス開始
携帯電話で電子メールの送受信や Web ページの閲覧が可能になった。

2000/9
日本で Google がサービス開始

2001/1
Wikipedia プロジェクト始動

象徴的な事件

1997/6
連続児童殺傷事件犯人逮捕
児童殺傷事件の被疑者少年の写真がインターネットに流出。

1999/5
京都府宇治市住民基本台帳データ漏洩事件

~   **2000**   **2001**

関連法律

1996/2
通信品位法と違憲判決
米国の法律。電気通信や双方向コンピュータ通信サービスでの，わいせつ，卑猥，挑発的，下品な表現を作成・伝送することを禁じた。ただし，翌年に表現の自由を規制するものとして違憲判決が出た。

1996/12
マルチメディア法成立
ドイツの法律。会員の提供する情報が違法であることを知りながら，配信を停止するなど技術的に対応しないプロバイダが責任を問われることになった。
(1997/8施行)

1999/8
不正アクセス禁止法成立
(2000/2施行)

2000/5
電子署名法成立
(2001/4施行)

2000/5
ストーカー規制法成立
(2000/11施行)

2000/11
高度情報通信ネットワーク社会形成基本法(IT基本法)成立
(2001/1施行)

2001/6
電子消費者契約法成立
(2001/12施行)

2001/11
プロバイダ責任制限法成立
(2002/5施行)

2002/4
迷惑メール防止法成立
(2002/7施行)

2004/2
Facebook 誕生

2006/3
Amazon Web Service
(AWS)サービス開始

2009/6
医薬品のネット販売規制
厚生労働省令にもとづき医薬品のネット販売規制が強化された。

2005/2
YouTube 設立
（日本語対応は2007/6）

2008/4
Twitter 日本語版
サービス開始

2010/10
Instagram 設立
（日本語対応は2014/2）

2003/11
Winny（ファイル交換ソフト）利用者の逮捕
著作権法違反（公衆送信権の侵害）容疑でWinnyの利用者としては初めて逮捕者が出た。

2005/11
国内初のスパイウェアを使った詐欺事件
スパイウェアを利用してネットバンキング利用者のパスワードなどを盗み，不正な振り込みを行った疑いで，国内で初めて逮捕者が出た。

2008/7
ネットでの殺人予告で逮捕
インターネットの掲示板に有名タレントの殺害予告を書き込んだ男が脅迫の疑いで逮捕された。

2004/6
女子児童殺害事件
加害者と被害者は，互いにWebサイトを運営し，パソコンでチャットや，掲示板に書き込みをする仲。Webサイト上の掲示板などに身体的特徴を中傷する内容を書かれたことが動機とされる。

2006/1
フィッシング詐欺国内初の摘発

～　　　　　2005　　2006　　　～　　　　　2010

2003/5
個人情報保護法成立
（2005/4施行）

2006/12
著作権法改正
・放送の同時再送信の円滑化
・時代の変化に対応した権利制限等（同一構内の無線LANによる送信の除外等）
・著作権等保護の実効性の確保（「海賊版」の輸出行為等の取締り等）
（2007/7施行）

2008/5
迷惑メール防止法改正
・事前同意なしの広告・宣伝メールの送信を原則禁止
・迷惑メールに対する罰則強化
（2008/12施行）

2003/6
出会い系サイト規制法成立
（2003/9施行）

2008/6
青少年インターネット環境整備法成立
（2009/4施行）

2009/5
著作権法改正
・著作権違反コンテンツのダウンロードを権利侵害と規定
（2010/1施行）

ICT関連技術サービス

2011/3
東日本大震災
SNSを利用して，安否情報や人道支援などのよびかけが行われた。

2011/6
LINEサービス開始

2015/9
SDGs持続可能な開発目標の提言
2015年9月の国連サミットで採択された「持続可能な開発のための2030アジェンダ」にて記載された，2016年から2030年までの国際目標。

象徴的な事件

2013/2
パソコン遠隔操作事件
マルウェアを用いて複数のパソコンを遠隔操作し，パソコンの持ち主になりすましていくつもの犯行予告を行っていた男が逮捕された。

2013/7
SNS投稿で炎上
コンビニ店員が売り場のアイス冷凍庫に入った写真をSNSに投稿し炎上。店舗は休店し，店員は解雇された。

2014/3
学術論文コピペ発覚
1月に科学論文誌に掲載された論文にコピー＆ペーストした部分があることが発覚した。

2014/7
個人情報流出事件
教育関連企業の3500万件を超える大量の顧客データが名簿業者に流出した。

2011　　〜　　2015

関連法律

2011/6
刑法改正
・ウイルス作成・提供罪を新設（サイバー刑法）
　　　　　　　　　（2011/7施行）

2012/10
著作権法改正
・著作物等の利用の円滑化
・違法ダウンロードの刑事罰化　（2013/1施行）

2013/4
公職選挙法改正
・インターネット等を利用した選挙運動（ネット選挙）のうち一定のものが解禁　（2013/5施行）

2013/5
マイナンバー法成立　　　　（2015/10施行）

2012/3
不正アクセス禁止法改正
・規制と罰則の強化
・国による情報セキュリティ関連事業者団体に対する情報提供の規定　　　　（2012/5施行）

2013/6
道路交通法改正
・自転車運転時の携帯電話の使用を摘発対象化
　　　　　　　　　　（2015/6施行）

2013/12
特定秘密保護法成立　　　　　（2014/12施行）

2014/5
「忘れられる権利」を認める判決
EU司法裁判所は，検索リストから自己に関する過去の情報の削除を求める「忘れられる権利」を認める判決を下した。

2015/9
個人情報保護法改正
・個人情報5000件未満の事業者にも適用拡大
・個人情報取扱事業者が個人データを第三者に提供する場合に原則本人の同意取得を義務化
　　　　　　　　　　（2017/5施行）

2016/3
人工知能(AI)が囲碁のプロ棋士に勝利
ディープラーニング(深層学習)という手法で，飛躍的に強くなった。

2016/7
ポケモンGO日本でサービス開始

2018/12
TPP11発効
日本の貿易や知的財産に大きな影響を与えた。

2019/12
新型コロナウイルスの世界的流行
学校など教育現場でも，オンライン授業など新しい生活様式へと変化した。

2021/7
大学入学共通テストに「情報Ⅰ」を新設
(2025/1初回実施予定)

2020/5
SNS誹謗中傷事件
テレビ番組に出演していた女子プロレスラーが，番組内での言動を巡ってSNS上で誹謗中傷を受け，自殺した。

2016　〜　2020　2021　〜

2016/12
ストーカー規制法改正
・SNS上のつきまとい行為を規制対象化　　　　(2017/1施行)

2016/12
著作権法改正
・著作物の保護期間の延長
・著作権等侵害罪の一部非報告罪化
(2018/12施行)

2017/2
青少年インターネット環境整備法改正
・フィルタリングの利用促進を図る法改正　　　　(2018/2施行)

2018/5
授業目的公衆送信補償制度
(2020/4施行)

2018/6
民法改正(青年年齢18歳引き下げ)
(2022/4/1施行)

2018/12
著作権法改正
・教育の情報化や障がい者および図書館アーカイブなどの利用拡大　　(2019/1施行)

2018/12
チケット不正転売禁止法　　(2019/6施行)

2019/5
電波法改正
・5G(第5世代移動通信システム)の迅速かつ円滑な普及・高度化を図るための改正。(2020/4施行)

2020/6
著作権法改正
・違法ダウンロード規制の対象が，音楽と映像から漫画や書籍，新聞，論文，ソフトウェアのプログラムなどに広がった。
(2021/1施行)

2021/4
プロバイダ責任制限法改正
(2022/10施行)

2022/7
侮辱罪を厳罰化する改正刑法施行

◎法律は，正式名称ではなく略称・通称で表記している。

7

01 スマートフォンのマナー

CASE A どのお店でも充電OK？

スマートフォンなどの充電に店内のコンセントを使用したい場合，事前に確認しておくべきことは何だろうか。

 対策・活用 店内のコンセントに「使用可」などの表示があるか確認しよう。見当たらない場合は，使用を控えるか，店員に使用の許可を取ろう。
コンセントの使用が目的で入店したい場合は，お店のホームページなどで事前にコンセントの使用可否について確認しよう。なお，急に充電が必要になった場合は，「充電スポット」を調べると良い。

CASE B 電車に乗るときは要注意！

スマートフォンを，自宅で使用するときと電車の中で使用するときとで比較した場合，設定は同じままで良いのだろうか。

 対策・活用 電車の中など，公共の場所では，スマートフォンの着信音が鳴らないようにするなど，周囲への配慮を行おう。
電話をかけるときは，相手を呼び出す前にSMS（ショートメッセージサービス）などを使って「今，電話しても大丈夫？」などの状況確認を行ってから，電話をかけると相手も対応しやすい。

社会の目　スマートフォンの特徴

スマートフォンと携帯電話(ガラケー，フィーチャーフォンなどと呼ばれる)を比較したとき，次のような違いがある。

スマートフォン 📱	携帯電話 📱
小型化したパソコンに通話機能などを搭載した無線端末	小型化した電話機にメールやインターネットの閲覧機能などを搭載した情報端末

また，スマートフォンには次のような特徴がある。

- カメラ撮影やネット(インターネット)への接続が手軽にできる
- パソコンとほぼ同様のサービスや機能が利用できる
- アプリケーション(アプリ)を入れることで機能を増やせる
- 画面がタッチパネルで直感的に操作できる
- GPS機能で自分の位置情報を伝えられる

一方で，スマートフォンは，使い過ぎると電池の消耗が早くなったり，個人情報を流出させるような悪質なアプリがあったりするので，注意しながら取り扱う必要がある。

科学の目　スマートフォンの電波

スマートフォンなどの情報端末は，電源が入っているあいだ，常に電波を発信して基地局と交信をし続けている。

その電波は，医療用や航空用の電子機器の機能を狂わせることがまれにある。とくに，心臓ペースメーカーのような医療機器を装着している人と距離が近くなれば，その人の身体に深刻な影響を及ぼすおそれがあるため，鉄道事業者は，お年寄りや身体障がい者，妊婦，乳児連れの人などが利用する優先席付近では，「混雑時には携帯電話の電源をお切りください」と案内している。

また，航空法により，航空機内では，飛行機のドアが閉まり，客室乗務員からの案内があったら，必ず電源を切るか，機内モードなどの電波を発しない状態にするように決められている。違反した場合には，50万円以下の罰金が科せられる。

(出典：東京地下鉄株式会社)

スマートフォンの使用については，TPOをよく考えて周囲の安全・安心に配慮しなければならない。

⊹ カメラ撮影時のマナー

スマートフォンのカメラで，次のようなものを撮影したい時，場合によってはルール違反になることがあるため，注意しよう。

◎人物

無断で撮影すると，相手の肖像権を侵害するおそれがあるため，撮影前に許可を得よう。

◎美術館などの展示作品

無断で撮影すると，作品の著作権を侵害するおそれがあるため，関係者の許可や撮影可などのサインを確認して撮影しよう。

⊹ 公共の場所での使い方

◎公共交通機関や公共施設の中

マナーモードに設定する。通話は一度外に出てから行う。特に，電車やバスなどの優先席付近で混雑しているときは電源を切るか，機内モードに設定する。

◎病院や飛行機の中

使用が禁止されている場所や時間帯は電源を切るか，機内モードに設定する。

◎歩道など

操作に気を取られて歩行者や車などに衝突する危険性があるので，歩きながらの操作(歩きスマホ)は絶対にやめよう。

◎車の運転時

スマートフォンを操作しながら運転することは道路交通法で禁止されている。人の命に関わるため，通話や操作は停車時に行う。

◎その他

許可されている場所以外で勝手に充電すると窃盗になる。面倒でも許可されている所で充電をしよう。

関連キーワード

- SMS(ショートメッセージサービス)(→13)
- 携帯電話
- スマートフォン
- マナーモード
- 機内モード
- 肖像権(→09)
- 著作権(→21)

02 ソーシャルメディアの活用

CASE A　情報が共有できたからこそ…

遠く離れた場所の現在の情報が知りたい場合、どのような方法があるのだろうか。

対策・活用

Twitterなどのソーシャルメディアで，その場所に関するキーワード検索をすると，当てはまる投稿が出てくる場合がある。

現地に知り合いがいれば直接きいても良い。災害など非常時には役場などの公共機関に電話をかけると迷惑になるため，緊急性がない場合には，他の手段を使って正確な情報を確認しよう。

CASE B　限定公開のつもりが…

ソーシャルメディアへの投稿において，公開範囲を限定したいときは，どのような設定をすればよいのだろうか。

対策・活用

Instagramの場合は，プライバシー設定で「非公開アカウント」に変更すれば，フォロワーだけに投稿を公開することができる。

ソーシャルメディアの用途に応じて，公開アカウントと非公開アカウントとを使い分ける場合，投稿するアカウントを間違えてしまうと，情報漏えいを引き起こす可能性があるため，注意して行動しよう。

社会の目　ソーシャルメディアの特徴

　ソーシャルメディアとは，ネット上で利用者どうしが情報を発信し合うことでコミュニケーションが飛躍的に広がっていく，双方向なメディアの総称である。ソーシャルメディアの種類ごとの代表的なサービスは，次の表の通りである。

種類	サービス
SNS（ソーシャル・ネットワーキング・サービス）	Facebook，Instagram，Twitter など
コミュニケーションアプリ	LINE，WeChat，WhatsApp など
動画共有サイト	TikTok，YouTube，ニコニコ動画 など
ブログ	note，アメーバブログ，ココログ など

　ソーシャルメディアは，利用者どうしのつながりを作る機能があり，互いの情報を容易に共有することができる。たとえば，SNSに渋滞・遅延などの交通情報を投稿すれば，その情報が利用者どうしで瞬時に共有されるため，公的な機関よりも早く手に入れることができる。このような利便性がある一方で，利用者の個人情報が漏えいする事件や，簡単なパスワードの設定による不正ログインの被害によって，非公開の情報が第三者に知られてしまうなどの問題が発生している。

科学の目　ソーシャルメディアの情報公開範囲

　ソーシャルメディアでは，投稿する情報をどこまでの範囲に公開するのかを詳細に設定することができる。初期設定では，すべての情報を全世界に公開する状態になっている場合が多い。自分自身で適切な公開範囲を設定することで，情報が不用意に広がることを防ぐことができるため，一度確認すると良い。

サービス	投稿の公開範囲	友だち・フォロワーの承認	メッセージのやり取り
Facebook	全員に公開（設定変更可）※ストーリー機能あり	あり	○（友だち以外からも可）
Instagram	全員に公開（設定変更可）※ストーリー機能あり	なし	○（フォロワー以外からも可）
Twitter	全員に公開（設定変更可）	なし	○（フォロワー以外からも可）
LINE（タイムライン）	全員に公開（設定変更可）※ストーリー機能あり	なし（承認設定可）	×
LINE（トーク）	トークの相手のみ	なし（承認設定可）	○（友だちのみ）
YouTube	全員に公開（設定変更可）	なし	×

関連キーワード

- SNS　・公開範囲　・コミュニケーションアプリ
- 肖像権（→09）　・ストーリー機能　・ソーシャルメディア
- タイムライン　・著作権（→21）　・動画共有サイト（→10）
- プライバシー（→04）　・ブログ　・名誉毀損

✓ ストーリー機能

　ストーリーとは，通常の投稿（タイムライン）とは別の投稿で，次のような特徴をもっている。

- ◎ 表示期間…投稿（ライブ配信終了）から24時間経過すると，投稿者以外からは閲覧できなくなる。
- ◎ 足跡機能…投稿者は誰が自分のストーリーを閲覧したのか確認できる。
- ◎ 公開範囲…基本的には友だち（フォロワー）全員だが，友だちの範囲を限定したり，FacebookやInstagramでは友だち以外に公開したりできる。

　ほかにも，SNSによっては，画像に手書き文字やスタンプなどの効果が付け加えられたり，音楽が添付できたりと，ストーリーに特化した撮影・編集機能が豊富にあるため，日常のようすを気軽に投稿できる場として活用しているユーザが多い。

🏥 ソーシャルメディアの活用法

　投稿の内容が，ほかのソーシャルメディアなどにコピーされて広がっていく場合があるため，その投稿は誰に見てもらいたいのかを確認し，適切な公開範囲を設定する。

　また，投稿に次のような内容が含まれる場合は，そのまま投稿してしまうと，トラブルに発展する場合があるため，特に注意を払う。

- ◎ 他人が不快に感じる内容
  → 名誉毀損などの罪に問われるおそれがあるため。
- ◎ 他人が撮影した写真
  → 写真の著作権は，原則撮影者本人にあるため。
- ◎ 他人の顔や姿が写った写真
  → 撮影された人のプライバシーや肖像権を侵害するおそれがあるため。
- ◎ 位置情報が含まれる写真
  → 場所が特定されることで，犯罪などに巻き込まれるおそれがあるため。

03 コミュニケーションアプリの活用

CASE A　みんなの顔が見たいから…

遠く離れた場所にいる人とメッセージのやり取りを行うには，どのような方法があるのだろうか。

対策・活用
コミュニケーションアプリを使えば，文字メッセージのやり取りだけでなく，音声通話やビデオ通話もできる。音声通話やビデオ通話は，文字メッセージに比べると効果的に情報交換ができる反面，自分と相手が同時につながることから，相手が応じられない状況のときには適切でない。そのため，音声通話やビデオ通話を行うときは，事前に文字メッセージなどを使って了承を取ろう。

CASE B　電話料金を節約するには…

スマートフォンの電話料金を節約するには，どのような工夫があるのだろうか。

対策・活用
コミュニケーションアプリに登録している友だちであれば，アプリの機能で無料で通話することができ，通常の電話料金を節約することができる。
コミュニケーションアプリの友だち以外の人に電話をする機会が多い場合は，「定額のかけ放題プラン」などのオプションに加入することも検討してみよう。

社会の目　コミュニケーションアプリ「LINE」の特徴

　LINEは，ネット上のコミュニケーションツールとして，利用者が非常に多いアプリである。おもな特徴は，次の通りである。
・1対1もしくはグループでメッセージ交換（トーク）ができる
・1対1もしくはグループで音声やビデオの通話ができる
・メッセージは文字や写真・動画だけでなく，スタンプ（感情を手軽に表現できる画像）や絵文字，位置情報なども送ることができる
・自分のスマートフォンに登録されている電話番号などを利用し，LINEを使用している友だちを自動で追加できる（設定解除可能）
・相手の電話番号などを知らなくても，LINEのQRコードやLINE ID（18歳未満はID検索不可）を交換することで友だちに追加できる
・自分のメッセージを相手が見たことを「既読」マークで確認できる（もともとは災害時に安否確認を行うための機能として開発）

科学の目　コミュニケーションアプリでの無料通話

　スマートフォンなどの情報端末で電話アプリを使うほかに，LINEなどのコミュニケーションアプリでも通話を行うことができる。電話アプリとコミュニケーションアプリとの違いは，次の表を参考に，適切に理解しておくことが必要である。

通話手段	使用回線	料金
電話アプリ	電話回線	基本料金＋通話料（定額のかけ放題プランに入っていない場合，そのつど必要になる）
コミュニケーションアプリ	インターネット回線	データ通信料（契約したデータ容量まで定額。超過すると料金が追加されることがある）

　電話アプリでは，電話回線を使うため，基本的に通話のたびに料金が発生するが，コミュニケーションアプリでは，インターネット回線を使って通話するため，料金はデータ通信料に加わってくる。定額のデータ通信料で契約していれば，その分は無料になるが，決められた容量を超えると料金がかかることがある。自宅などで無線LANの環境が利用できる場合は，Wi-Fiを通じてネットに接続することができるため，データ通信量を節約することができる。

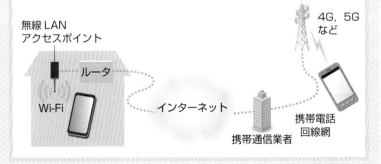

関連キーワード

・LINE外し	・QRコード	・Wi-Fi（→30）	・絵文字
・既読スルー	・コミュニケーションアプリ（→02）		
・スタンプ	・なりすまし（→13）	・ルータ	

LINEに関するトラブル

　LINEに関するトラブルに，「既読スルー」や「LINE外し」などがある。
　「既読スルー」は，自分のメッセージに「既読」マークが付いているにもかかわらず，相手の返信がない状態をさしている。相手の返信がないことで，自分を無視しているような誤解が生まれ，トラブルになることが問題となっている。相手がメッセージを読んでもすぐには返信できない状況があることを踏まえ，気長にやり取りを行おう。
　「LINE外し」は，グループの中で，ある特定の個人を除外することをさしている。その人が知らない間にグループから外されることで，場合によってはいじめに発展することもある。LINEのグループは，メンバーの誰でも招待や退会などの操作ができるため，感情的に退会などの操作をしないよう，十分に気を付けよう。

コミュニケーションアプリを通じた出会い方

　LINEなどのコミュニケーションアプリで知り合った相手と直接会うことで，トラブルに巻き込まれないように，会うまでの間，次のことに注意しよう。

①相手のプロフィールを確認する
　相手がなりすましをしている可能性があるため，プロフィールの内容とやり取りしている内容が合致しているか確認する。なお，写真は容易に加工ができるので，複数の写真で確認すると良い。

②会う場所と時間に配慮する
　駅やショッピングモールなど，人が多く集まる場所で，できれば日中に待ち合わせを設定する。なお，直前に場所を変更されるなど，疑いが少しでも出てきた場合は，会わずにその場を去ることも必要である。

③誰にいつどこへ会いに行くのか，親しい人には伝える
　会いに行くことを誰かに伝えておくと，万が一何かがあった場合に警察などへ相談できるため，家族や友人などに伝えておく。

04 ネット上のコミュニケーション

CASE A 友人を怒らせた？

文字によるメッセージだけで，お互いの考えや気持ちなどをすべて伝え合うことはできるのだろうか。

対策・活用

メッセージを送る前に，相手の目線で内容を読み返し，自分の意図と違う伝わり方をしていないか確認をしよう。万が一，相手を傷つけかねない投稿をしてしまった場合は，そのことに気づいた時点で謝罪を（可能であれば対面で）行い，自分の本意を誠実に伝えよう。

CASE B 自分が見ているSNSは偏ってる？

SNSで情報収集を行うとき，自分のフォロワーからの投稿だけを根拠に判断しても大丈夫だろうか。

対策・活用

自分がよく使うSNSの投稿で情報収集を終えるのではなく，異なるSNSで検索してみたり，自分のSNSアカウントからログアウトした状態で検索してみたりすることで，異なる意見などに意図的に触れる機会を作ってみよう。
新聞やテレビといったマスメディアを見てみると，SNSとは違う情報が得られる。

社会の目　コミュニケーションの形態

コミュニケーションとは，送り手が伝えたい情報を，声やしぐさ，文字などのさまざまなメディアを通じて受け手に届けることをさしている。インターネットの普及により，離れた場所にいる人どうしが同じ趣味などを通じてコミュニケーションをとれるようになった。

◆コミュニケーションメディアの例

	同じ時間	同じ時間に限定しない
同じ場所	対面の会話など	メモ，伝言など
同じ場所に 限定しない	電話，Web会議，チャット，動画配信（ライブ型）など	手紙，FAX，電子メール，SNS，動画配信（オンデマンド型）など

対面では話しづらい話でも，ネット上でしか関わらない人であれば相談できるケースなど，より深いつながりに発展している例もある。

コミュニケーションにおいて，伝えられた情報を解釈するのは，基本的には受け手側である。特にネット上では文字によるやり取りが多いため，感情などの微妙なニュアンスが伝わりにくく，誤解が生まれやすい特徴があるので注意しよう。

科学の目　エコーチェンバー

エコーチェンバーとは，共鳴室（自分の声を反射させて音響効果を生み出す部屋）から来ている言葉で，ソーシャルメディアを利用する際，自分の意見を発信すると，自分と似た意見が返ってくる状況のことをさしている。

SNSの多くは，自分と興味・関心が似ているユーザどうしでフォローし合うため，自分の意見が肯定されることがよくあり，それが続いていくと，いつしか自分の意見が常識であると疑わなくなる。その結果，自分の意見と異なる内容に触れると，相手の意見を聞くことなく排除しようと攻撃的になってしまう。

エコーチェンバーの状況にならないために大事なことは，これが自分にも起こりうることだと認識したうえで，複数の情報源（書籍，新聞，テレビやラジオのニュースなど）に触れる機会を作り，異なった意見もまずは聞き，尊重するように努めよう。

関連キーワード

- エコーチェンバー
- チャット
- オンデマンド
- 電子メール
- 個人情報（→17）
- プライバシー

文字のやり取りで起こる誤解

文字のやり取りでは，互いの表情や声の調子がわからず，身振り手振りなどが見えないため，自分が伝えたい意図と違った意味で受け取られてしまうことがある。

「かわいい」ことに共感しているメッセージのつもりが，「？」を付け忘れたために，「かわいくない」という否定の意味で受け取られた例である。

文字でのやり取りは，相手の感情が伝わりにくいため，人によってメッセージの受け取り方が異なる場合がある。メッセージを送る側はそのことを認識したうえで，送るメッセージの内容を十分に確認しよう。なお，文字のメッセージを補完するツールとして，絵文字やスタンプなどがあるが，それらをどのような意味で受け取るかも相手次第なので，過信して使わないように注意しよう。

ネット上で発言する際の注意点

ネットでの発言は，基本的には世の中全体に発言しているようなものなので，対面での発言以上に気を付けておかないと，知らずにトラブルになってしまうおそれがある。次の点に注意し，責任をもって発言しよう。

- 友達に対して冗談を言うような投稿であっても，世間では冗談とは受け取られない場合があるため，冷静に内容を判断してから発言しよう。
- 個人情報やプライバシーに関する内容は，迷惑メールやストーカーなどをする人にとってはとても有益な情報となるため，それらの点に注意をしながら発言しよう。
- 自分が書いたその文章が違う意味を持たないか，相手の立場で確認してから発言しよう。

05 情報の選択と活用

CASE A ソーシャルメディアで人助け！

大勢の人に向けて一斉に情報を伝えたい場合，どのような方法があるのだろうか。

 対策・活用　Twitterなどのソーシャルメディアを活用すれば，場合によっては，多くの人に情報を伝えることができる。

より多くの人に情報を届けるためにできる工夫として，投稿内容に検索される可能性があるハッシュタグを付けてみたり，異なる種類のソーシャルメディアに投稿してみたりすることなどが挙げられる。

CASE B おすすめ動画は何でもお見通し？

YouTubeなどの動画共有サイトで表示されるおすすめ動画は，なぜユーザの好みに合ったものになっているのだろうか。

 対策・活用　ユーザがこれまでに再生した動画リストなどを参考にして，関連する内容の動画を再生候補として表示している。

動画共有サイトには，一つのアカウントに，プロフィールを複数作成することができるものもある。個人の閲覧情報を他の家族に見せないようにするなどといった使い方もできる。

社会の目　情報の拡散

電子メールやソーシャルメディアなど，ネット上のコミュニケーションツールは，メッセージの発信や転送が容易にできるため，手紙などに比べて，情報が伝わる範囲は大きく広がり，速度も圧倒的に早くなった。

拡散される情報は，有益なものもあれば，デマなどの誤った情報もあるため，発信者だけでなく，受信者も次の注意点などを参考にしながら，正しい判断を行わなければならない。

・受信した情報は，発信する前にほかの情報源でも確認する
　真偽不明な情報は拡散しない
・情報の発信元や発信日時を確認する
　家族や友人からの情報でも，誤りがあれば拡散しない
・自分が感情的なときには投稿や転送はしない
　怒りの感情が伴ったものは過激になりやすく拡散されやすい

科学の目　おすすめ表示

ソーシャルメディアなどを使用していると，ユーザに対し，おすすめの友だちや記事，動画などの候補を表示してくれることがある。これらのおすすめ表示には，私たちがソーシャルメディアなどを使う中で提供している，メールアドレスなどの連絡先や，友だち（フォロー）登録などの情報に加え，使用履歴や使用場所などの情報も判断材料にしていることが多い。

おすすめの表示は，自分の興味・関心に合った情報を容易に手に入れることができる反面，このような状態が持続すると，自分の考え方や価値観に合わない情報からは隔離されるため，偏った情報をもとに判断してしまうおそれがある（フィルターバブルと呼ばれる）。

見たい情報だけが
フィルターを通り抜ける

このような事態に陥らないためには，情報を収集するときに，自分が普段使用している情報源だけでなく，異なる複数の情報源も使って幅広く収集するようにしたい。

関連キーワード

・クロスチェック　　　・情報の拡散　　　・信ぴょう性（→06）
・ソーシャルメディア（→02）　　・デマ　　　・動画共有サイト（→10）
・ハッシュタグ　　　・フィルターバブル　　　・マスメディア

✓ ハッシュタグ

ハッシュタグとは，SNSの投稿時に「#（ハッシュ）」マークの後にキーワードを付けたものをさす。例えば，SNS上で「#MeToo」を検索すると，それぞれのユーザが同じ「#MeToo」を付けた投稿内容をまとめて閲覧できる。

●〇カフェ公式＠marumaru
本日のおすすめは，産直野菜を使ったカレーです。あいにくの雨ですが，ご来店お待ちしております。
#カレー　#ランチ　#産直野菜

ハッシュタグ検索では，ハッシュタグそのものが一つのワードとなるため，関連情報に行き着きやすい特徴がある。最近では，お店やサービスの名前などをハッシュタグにして投稿すると，料金が割引されたり，プレゼントに応募できたりと，多くの場面で活用されている。

【ハッシュタグの付け方】
①「#」は半角にする。
②「#」とキーワードの間にスペースを入れない。
③ハッシュタグを複数並べるときは，スペースを空けるか改行する。

✓ ネット上にある情報の賢い使い方

テレビや新聞など，マスメディアからの情報は，公開される前に複数の編集者によって内容のチェックが行われている。一方でネット上にある情報は，個人が投稿したり転送したりできるため，情報の信ぴょう性に関して，一般的にはマスメディアの方が高い特徴がある。

ネット上にある情報を正しく活用するためには，すべてをうのみにすることなく，その情報がどれだけ信頼できるものなのか，最低限のチェックは事前にしておこう。チェック方法としては，マスメディアや書籍など，複数の情報源から提供された情報を比較・検証する「クロスチェック」などがある。

06 情報の信ぴょう性

CASE A 情報はすべて正しいとは限らない？

周囲から見聞きした情報を，何も考えずに他人にそのまま伝えてもよいのだろうか。

 対策活用

不確かな情報を受け取った場合は，発信されたメディア以外にも同様の情報があるか確認し，情報の信ぴょう性を冷静に見極めよう。

情報の信ぴょう性を判断するときは，なるべく自分一人で行わず，年齢や立場が異なる人がいれば，その人にも判断に加わってもらうと良い。

CASE B 検索結果の上位は適切な情報？

検索エンジンの検索結果で上位に表示される情報は，そのまま信用できるものなのだろうか。

 対策活用

検索エンジンの検索結果は，場合によっては意図的に操作されている可能性があるため，できるだけ多くの検索結果に目を通し，それぞれの情報を検証してみよう。

検索エンジン（Webページの情報）で検索した結果と，他の情報源（ソーシャルメディアなどの情報）で検索した結果を比較することで，希望に合致する情報を判断すると良い。

社会の目　デマとフェイクニュース

　デマやフェイクニュースとは，騒動を起こすことを目的に発信された，誤解を招くような悪意のある虚偽情報のことをいう。デマやフェイクニュースとして拡散される情報は，世間で話題のニュースに関連していることが多い。また，友人や知人から転送されることで信じてしまいがちになり，安易に拡散してしまう傾向がある。こうした人々を惑わす虚偽情報が大規模に拡散し，大きな社会問題となっている。

　虚偽情報の拡散を止めるためには，得られた情報の真偽について，情報源を確認するなど，うのみにせず自分で考える習慣を付けよう。また，一つだけでなく，複数の情報源で比較・検討するようにしよう。他人を傷付けるデマやフェイクニュースを投稿・拡散した場合は，名誉毀損の罪などに問われることもあるため，慎重に発信するようにしよう。

科学の目　検索エンジン最適化

　検索エンジンは，ネット上に公開されているWebページの情報を収集し，ユーザが入力した検索キーワードに応じて合致した情報を順番に表示している。検索結果の表示順位は，検索エンジンによって独自の方式で決められているが，その方式を利用して自分たちのWebサイトを上位に表示させるためにさまざまな試みを行っている企業などがある。このような技術や手法のことを「検索エンジン最適化（SEO）」という。具体的には，検索に使われやすいキーワードをWebページの中で適切に使用したり，より多くの外部サイトにリンクしてもらったりする対策などがあげられる。

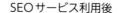

SEOサービス利用前	SEOサービス利用後

　このことから，検索結果で上位に表示された情報が必ずしも適切な情報とは限らない。検索エンジンのオプション機能などを活用することで，掲載場所や掲載期間などを絞り込み，より適切な情報を検索することもできる。

関連キーワード

・検索エンジン　　・検索エンジン最適化（SEO）　　・出典
・情報の特徴（残存性）　　・情報の特徴（伝播性）
・情報の特徴（複製性）　　・信ぴょう性　　・デマ
・フェイクニュース　　・名誉毀損

✅ 情報の特徴

　情報を「もの」と比較したとき，次のような特徴をあげることができる。

◎残存性…人に渡してもなくならない
◎複製性…容易に複製できる
◎伝播性…短時間に広がる

　また，情報をコミュニケーションの観点で見たとき，次のような特徴をあげることができる。

◎受け取る人によって情報の価値は変わる
◎情報には発信者や受信者の意図が伴う

　情報はネット上で発信すると瞬時に拡散されて次々と複製され，完全に削除することはできない。ネット上での不適切な振る舞いは取り返しのつかない事態に陥るかもしれないことを認識しておこう。

✚ 信ぴょう性を判断する基準

　情報の信ぴょう性とは，その情報の内容がどのくらい確かであると信用できるかということである。
　ネット上の情報は，誰もが簡単に発信できるため，信ぴょう性の判断は，受信者側で行う必要がある。
　次のポイントなどを参考に，受け取った情報の信ぴょう性を判断しよう。

◎ネット上の情報を見極める七つのポイント

だ 誰が言っている？
し 出典はある？
い いつ発信された？
り リプライ欄（送信欄）にどんな意見？
た たたき（攻撃）が目的ではない？
ま まずは一旦保留しよう
ご 公的情報は確認した？

（出典：NHK）

　受信者自身が適切な判断力を身に付け，誤った情報などに惑わされないようにしよう。

07 ネットの活用と依存

CASE A ポイントで支払い！

これまで店ごとに作成していたポイントカードが，情報通信技術（ICT）の発達により，どのように変化していったのだろうか。

対策活用 各店共通のポイントカードが普及し，ポイントの付与だけでなく，ポイントで料金の支払いもできるようになっている。
使用できる共通ポイントが複数ある店に行った際は，自分がよく使っているポイントに絞って利用すると，ポイントが貯まりやすくなる。

CASE B すぐに返信していると…

スマートフォンを長時間使い続けると，生活リズムにどのような変化が生じるだろうか。

対策活用 睡眠不足を引き起こすなどして，体調が悪化し，他の生活にも悪影響を及ぼすおそれがある。
メッセージのやり取りが延々と続いていかないように，すぐに返信を求め合わない友人関係を築いておくことが大切である。もし，すぐに返信が必要な場合は，メッセージにその旨を付け加えておくなどの方法があるが，相手もすぐに閲覧・返信できるとは限らないので，過度な期待はしないでおこう。

社会の目　ネットの活用例

インターネット上で提供されているサービスをうまく活用すると，次の例のように，私たちの生活をより便利にしてくれることがある。

・対象エリアの携帯電話に緊急速報 （→08）	・フリマアプリで物品の売買　手作りマイバッグ　現在の価格　¥1500　入札する （→11）
・複数の人でソーシャルゲーム （→12）	・キャッシュレスで料金決済 （→14）
・クラウドファンディングで資金集め　ありそうでなかった○○！　目標金額　¥1500000　応援する！ （→14）	・SNSのアカウントでログイン　SNS　でログイン　ID　ログイン （→18）
・加盟店共通ポイントで料金支払い　point card　CARD （→20）	・オンラインで学習 （→23）

科学の目　ネット依存

ネット依存とは，インターネットを長時間利用しているうちに，自分自身で利用時間などのコントロールができなくなってしまい，日常生活を送るうえでの支障や問題が発生している状態をさしている。（→ネット依存症 p.87）

ネット依存には，健康被害，学習能力・運動能力の低下，注意力低下による事故・負傷，コミュニケーションのトラブル，金銭のトラブル，犯罪加害・被害に関するトラブルなどがある。

利用時間が長くなってしまう理由として，友だちとの関係が悪化することをおそれて延々と返信をし続けたり，友だちの反応が気になって頻繁にSNSを確認するなどがあげられる。

心や体に問題が生じたり，社会生活に支障をきたしていたりする場合，医療機関などの専門的な治療が必要になる。

ゲーム障害（ゲーム依存）については，2019年に世界保健機関（WHO）が正式な病気として認定している。

関連キーワード

- ・キャッシュレス決済（→14）
- ・共通ポイント
- ・緊急速報
- ・クラウドファンディング（→14）
- ・ゲーム障害（→12）
- ・ソーシャルゲーム（→12）
- ・ネット依存
- ・フィルタリング（→29）
- ・フリマアプリ
- ・ペアレンタルコントロール

✓ スマートフォンの使いすぎを防止するための機能

スマートフォンには，日々の使用時間を可視化できる機能が備わっている。それらのデータを活用することで，客観的に使用頻度を測ることができる。

◎ スクリーンタイム（iOS）

アプリやアプリのカテゴリごとの利用時間などがチェックでき，とくに利用時間を制限したいアプリは制限時間の設定もできる。また，休止時間（画面を見ない時間帯）やカテゴリごとの1日あたりの使用時間設定，使用できるコンテンツやアプリ内課金の制限などもできる。

◎ Digital Wellbeing（Android）

使用時間の合計に加えて，最も多くの時間利用しているアプリのトップ3が，利用時間と共に表示される。また，指定した時間になるとミュートする「おやすみ時間モード」や，指定したアプリを一時的に通知オフにする「フォーカスモード」なども設定できる。

✚ ネット依存の対策方法

自分でできるネット依存の予防方法として，次のような物理的な対策が考えられる。

- ・フィルタリング機能…有害と思われるページを制限する
- ・タイマー機能…設定した時間以降のネット接続を不可にする
- ・ペアレンタルコントロール機能…スマートフォンの機能を制限する

もしネットの依存度が深刻で，自分だけで解決できない友だちを見つけたら，その家族や友人などにも協力してもらい，使用時間などを管理してもらったり，一定期間インターネットが利用できない環境下で生活リズムを整えたりする「オフラインキャンプ」に参加を促すことなども考えられる。

また，自分が依存しないようにも気を付け，不安になったらすぐに病院などの専門機関へ相談しよう。

（→p.87）

08 位置情報システムの活用

CASE A 位置情報システムの活用のために…

位置情報システムを用いたさまざまなサービスを利用することができるが，その際電池を消耗するので注意が必要である。

 対策活用 旅行などで，位置情報システムを多く活用することが予想される場合，あらかじめモバイルバッテリーを用意したり，充電可能な飲食店を確認しておくなど準備をしておこう。
位置情報システムを利用しない場合は，スマートフォンの設定で位置情報をOFFに切り替えることで，電池を節約することができる。

CASE B 位置情報の取り扱いに注意しないと…

写真に位置情報を記録する機能は便利である反面，アップロードしてしまうと自宅の位置をインターネット上に公開してしまうなど危険性もある。

 対策活用 カメラアプリの位置情報の記録設定を確認しよう。写真の位置情報を後から削除するアプリもあるため，設定を忘れても対処できる。位置情報の仕組みや設定を理解した上で，上手に活用すれば，撮影場所を確認したり，撮影場所別に写真を分類したり検索したりすることができる。

位置情報を活用したさまざまなサービス

地図アプリによる，現在地の把握，経路検索，周辺情報案内サービスなどは，位置情報を活用した代表的なサービスといえる。

このほかにも，メッセージアプリを使用した現在位置の送信と共有，紛失したスマートフォンの位置の特定，SNSでの投稿場所のタグ付け，子どもやお年寄りの安否確認，現実の位置情報と仮想空間とを連動させたゲームなど，さまざまなサービスが提供されている。

個人のスマートフォンなどから取得された位置情報が企業へ提供されて集約・分析され，場所に応じた広告を表示したり，行動の分析に利用されたりする。また，膨大な台数の端末の情報を集約することで，道路の渋滞情報や店舗の混雑情報として利用者に提供されている。

経路検索結果の例（赤く示される道路が渋滞していることを表す）

科学の目 **位置情報を取得する仕組み**

位置情報は，さまざまな情報から複合的に取得している。

◆GPS（全地球測位システム）からの取得

GPSは人工衛星から発信される電波を利用し，自分の位置を測定するシステムである。地下やコンクリート壁に囲まれた場所など，人工衛星の電波が届かない場所では使用できない。

◆携帯電話基地局からの取得

使用しているスマートフォンや携帯電話が，どの基地局を用いて通信しているかを調べることにより，位置を把握することができる。収容している基地局の範囲にもよるが，数百m程度の誤差が発生する場合がある。

◆プロバイダの所在地情報からの取得

プロバイダが提供するIPアドレスと，プロバイダの所在地情報から大まかな位置を把握することができる。

関連キーワード

・Exif	・GPS	・SNS（→02）
・位置情報システム	・ジオタグ	・プロバイダ

☑ **エリアに応じた緊急速報の配信**

携帯電話会社が，緊急地震速報，津波警報，特別警報，災害・避難情報を，対象エリアにいる利用者に無料で配信するサービスがある。受信時は，マナーモードの設定に関係なく専用のブザー音で通知される。

☑ **位置情報システムの利用**

スマートフォンは，位置情報システムの利用についてON/OFFの設定が可能である。すべてのアプリで位置情報システムを使用しない設定と，アプリごとに使用するか，しないかを選択する設定がある。

各自，自分自身のスマートフォンの設定についてよく確認しよう。

☑ **ジオタグの活用**

写真や動画，SNSの投稿などに，位置情報を追加することができる。この情報をジオタグという。

◎写真や動画

撮影データ以外に記録されるExifと呼ばれる付加データにジオタグ情報を含めることができる。ネット上に，自宅の場所などを公開しないように留意する必要があるが，地図アプリと連携させて撮影場所を確認したり，写真を撮影場所で分類・検索したりすることができる。

撮影前にジオタグ情報の付加を設定することや，撮影後でも専用のアプリやソフトウェアでジオタグ情報を編集・削除することが可能である。

◎SNS

SNSの投稿にジオタグを付加できる場合がある。現在地や自宅の不在を公開しないように投稿の内容やタイミングに注意して利用する必要があるが，投稿場所の記録や共有，店舗や観光地のPRなどの用途で活用することができる。

09 画像の共有と発信

CASE A 思い出の共有の際は，公開範囲に気をつけて

写真共有サービスは便利だが，利用の際，写真を公開する範囲の設定には注意が必要である。

対策・活用 写真共有サービスを利用する際は，写真の公開範囲の設定がどのようになっているか，どのような設定が可能か，よく確認してから投稿しよう。公開範囲を限定するには，特定のURLを知っている人だけが見られる方法，特定のユーザに限定して公開する方法，写真の閲覧にパスワードの入力が必要な方法など，さまざまなやり方がある。用途や共有する写真に種類に応じて適切に使い分けよう。

CASE B 同意を得ずに写真を発信すると…

たとえ芸能人でも，同意を得ずに顔写真をSNSなどにアップロードしてしまうとプライバシー，肖像権，パブリシティ権を侵害してしまう。

対策・活用 友人でも芸能人でも，自分以外の人の顔がはっきりと写っている写真をネット上に発信する場合は，事前に相手の同意を得ておこう。同意が得られていない場合，ネット上への発信は遠慮しよう。SNS上に自分の画像が無断で公開されていたら，どのように感じるかは，人によってその受け止め方に差があることを理解し，必ず相手の意思を確認してから行動しよう。

社会の目　プライバシーに関する権利

次のプライバシーに関する権利は，いずれも法律で明文化されていないものの，裁判の判例で認められている個人の権利の一つであり，画像を共有・発信する際には注意する必要がある。

プライバシー権	従来は「私生活をみだりに公開されない」権利という考え方であったが，現在は「個人情報を勝手に利用されない」権利という考え方に変化している。 〔侵害例〕 私生活を映し出した写真の公開など。
肖像権	本人の許諾なしに顔写真などの肖像を撮影されたり，利用されたりしない権利。 〔侵害例〕 承諾を得ていない人物写真の公開など。
パブリシティ権	有名人の肖像は，経済的価値をもつ。それを他人に勝手に使われない権利。 〔侵害例〕 広告・宣伝目的での有名人の写真の無断使用など。

科学の目　顔認識技術

写真共有サービスやSNSで写真をアップロードすると，顔写真を認識し，顔の登録を促される場面がある。登録をすると，以降に投稿した写真から自動的に誰が撮影されているか識別し，撮影されている人に応じてアルバムを作成するなど便利な機能がある。しかし撮影直後に自動で共有サービスやSNSのアルバムに写真が登録されてしまうなど，利用には注意が必要な側面もある。

顔認識技術は，基準となる顔写真データから目，鼻，口，輪郭などの位置関係をデータとして記録し，誰の顔かを登録する。以降は，顔をカメラで認識し，顔のデータと照らし合わせて本人か否かを判断する。

“いいね”の代償

“いいね”が欲しいために，羽目を外したり，他人への迷惑を顧みない行為を撮影した写真をSNSに投稿することで，自分や周囲に多大な不利益をもたらすことがある。このような軽はずみな投稿は，社会から多くの非難を浴びるだけでなく，そのことによって関連した組織や企業の信用や信頼を失墜させる結果となった場合は，多額の損害賠償を請求されることもある。(→p.80)

また，SNSへ投稿するために危険な行為を行った結果，大ケガをしたり，命を落とした事例もある。行動を起こしたり投稿をする前に，一度冷静になり，SNSへの投稿に対して世界中からの視線があることを忘れないことが大切である。

投稿・共有前のチェックリスト

以下の点に配慮しているか確認した上で，SNSなどに写真を投稿・共有しよう。

◎チェックリスト

- □撮影された人に，投稿内容について許諾を得ている。
- □さまざまな立場や考え方の人がいることを考慮した内容である。
- □プライバシーを侵害していない。
- □肖像権を侵害していない。
- □パブリシティ権を侵害していない。
- □位置情報や写っているものから場所を特定されない。
- □著作権を侵害していない。
- □公開範囲，共有相手を正しく設定している。

関連キーワード

- ・いいね
- ・著作権(→21)
- ・肖像権
- ・パブリシティ権
- ・生体認証(→24)
- ・プライバシー

10 動画の共有と発信

CASE A　動画の説得力には注意

動画共有サイトを活用すれば，世界中の最新の動向を現地へ行かなくても知ることができる。

 日本ではほとんど報道されない海外の出来事や，日本語では手に入りにくい海外の情報も，動画共有サイトを用いれば，自宅に居ながら臨場感をもって知ることができる。情報の信ぴょう性に留意しながら活用することで，世界中の動向を知ることができる。

CASE B　違法アップロードも違法ダウンロードもダメ…

動画共有サイトへのアップロードは手軽に誰でもできるが，発信・閲覧するときは，その内容に注意する必要がある。

 動画を発信する際は，公開しても良い内容であるかを考え，事前に誰かに承諾を得る必要はないか確認しよう。
　自分が発信しようとしている動画によって，誰かを精神的に傷つけないか，誰かの権利を侵害しないかを考え，その当事者と事前に確認をとって動画共有サイトを活用しよう。

社会の目　動画共有サイトの活用

インターネット上で，音楽やアニメなどさまざまなジャンルの動画を投稿・共有することができる。

動画共有サイトの代表格であるYouTubeをはじめ，ツイキャスなどのように生中継が可能なもの，TikTokのように気軽に短い動画を投稿できるもの，ニコニコ動画のように，動画と重ね合わせてコメントを投稿できるものなど，さまざまなサービスがあり，動画の共有だけでなく，多くの場合“いいね”やコメントなどを通じた発信者と視聴者との双方向性が人気の大きな要因となっている。

しかし，悪質な誹謗中傷やいじめなどの深刻な問題への発展，“いいね”やコメントなどの反響を求めて行き過ぎた行為の投稿による炎上，市販のアニメやテレビ放送などをコピーして配信するなどといった著作権法への抵触など，さまざまなトラブルの要因ともなりえるため，利用する際は，マナーやルールに留意することを忘れてはいけない。

科学の目　動画とストリーミングの仕組み

動画は，静止画を連続して表示することで動いているように見せている。動画における1枚1枚の画像をフレームと呼び，1秒間のフレーム数をフレームレートという。単位はfpsで表す。一般的な動画は約30fpsであることが多い。このことから，動画は静止画よりデータ量が非常に大きくなるため，多くの場合，できるだけファイルサイズが小さくなるよう，専用の圧縮技術を使用して保存されている。

動画共有サービスでは，このようにサイズが大きくなりがちな動画データを，少ない待ち時間で視聴できるよう，データを受信しながら再生する技術であるストリーミングが用いられている。ストリーミングを用いると，待ち時間を短縮できるだけでなく，著作物である動画データがすべて複製されないという利点もある。

◆YouTubeの再生画面におけるストリーミング技術

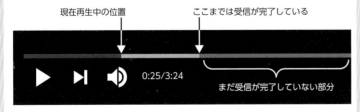

現在再生中の位置　　　ここまでは受信が完了している

0:25/3:24　　まだ受信が完了していない部分

関連キーワード
・YouTube　　・ストリーミング　　・動画共有サイト
・誹謗中傷(→16)

🧰 動画共有サイトの影響力

動画は相手に強い印象を与えることができ，インターネットはその動画を世界中に届けることができる。ある動画の投稿をきっかけに，一躍有名になる人が現れたり，世の中の考え方が変化したりすることもあるが，この影響力は悪い方向に働いてしまうこともある。

動画共有サイトを良い方向に活用するために，「投稿・共有前のチェックリスト」(→p.25)や以下の点を確認しよう。

◎チェックリスト
□さまざまな立場や考え方の人がいることを考慮した内容であるか。
□動画共有サイトの影響力を理解しているか。
□悪質な誹謗中傷は犯罪となる可能性があることを理解しているか。

🧰 動画共有サイトにおけるルール

動画共有サイトの利用の際は，法律や，それぞれサイトのルールに則って活用できているか確認しよう。

◎チェックリスト
□動画の内容や条件が適切か。
□著作権を侵害していないか。
□違反があった場合，法的な罰則があったり，サイト側から動画が削除されたり，投稿したアカウントが使用不能になったりするなどの措置が講じられることがある。

また，動画を共有する際は，その公開する期間や，視聴可能な範囲などについて適切に設定する。

◎チェックリスト
□公開する期間は適切か。
□公開する範囲(一般公開，限定公開，非公開)は適切か。

11 ネット上の売買

CASE A 近くにお店がなくても…

インターネットを利用すれば，直接店舗に出向かなくても，さまざまなものを購入することができるが，商品のイメージと実物との間に大きな差がある場合もあるので注意が必要である。

対策・活用

ネットで商品を購入する際は，その商品の説明を読むことはもちろん，口コミを確認するなど，どのようなものが届くのかイメージしてからにしよう。購入しようとしている商品の内容や決済方法，発送方法を確認した上で利用すれば，インターネットを利用することで，専門的なものや希少な商品も，世界中から購入することができる。

CASE B 転売に注意!

インターネットへ出品する際は，出品する商品の内容をどう登録するのかや発送方法，売上金の受け取り方法などをよく確認してから利用しよう。

対策・活用

危険物や転売目的と捉えられるような商品を出品すると，場合によっては捜査の対象となる。また，それぞれのサービスで出品不可と指定されたものがあるので，よく確認してから利用しよう。商品が販売された際の売り上げ金は，現金での受け取りだけでなく，同じサービスでの商品の購入や，キャッシュレス決済サービスへの加算など，さまざまな方法で利用できる場合が多い。

社会の目　さまざまなネット上の売買

　インターネットを利用することで，どこに住んでいても，専門的なものや，入手が困難なものを購入することができる。一方で，危険ドラッグや偽ブランド品，品質の粗悪なものなども多く販売されているため注意が必要である。
　ネット上で売買をするサービスの種類とその特徴は次の通りである。

ネットショッピング	インターネット上に商店をかまえて消費者に商品を販売するオンラインショップ（電子商店）が一般的である。ただし，一つのサイトでさまざまな商品を取り扱う形態（「Amazon」など）や，さまざまな専門店が一つのサイト内に出店している形態（「楽天市場」など），実店舗をもつ商店が独自に開設したオンラインショップなど，さまざまな形態がある。
フリマサイト	フリーマーケットのようにユーザ間で売買・商取引が行えるサービスで，出品者が販売価格を設定する。「メルカリ」や「ラクマ」などがあげられる。
ネットオークション	オークション（競売）のようにユーザ間で売買・商取引が行えるサービスで，複数の利用者が競い合う中で，最高額を入札した利用者が商品を落札する。「ヤフオク！」があげられる。

科学の目　商品売買時の個人情報保護

　フリマサイトやオークションサイトで商品を売買する際は，商品発送のために相手に自身の住所を伝える必要がある。知らない個人に住所などの個人情報を知られたくないとき，互いに匿名かつ住所，電話番号も明かさずに取引するサービスを提供しているサイトがある。これは，それぞれのサイトが配送業者と提携し，情報を共有することで実現している。

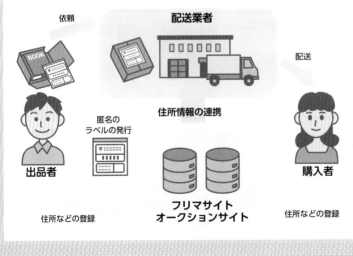

依頼　　　　配送業者　　　　配送
出品者　　　匿名のラベルの発行　　住所情報の連携　　　購入者
住所などの登録　　フリマサイト オークションサイト　　住所などの登録

関連キーワード

・HTTPS（→⑲）　・キャッシュレス決済（→⑭）　・個人情報（→⑰）
・サーバ証明書（→⑲）　・特定商取引法　・匿名
・ネットオークション　・ネットショッピング　・フリマサイト

👤 ネット上の不正転売

◎不正転売
　不正出品されたチケットを購入すると，そのイベントで利益が得られるとわかった人たちが，次回以降続々とそのチケットを転売するようになり，結果としてチケットが入手しにくくなってしまう。
　正規の方法で入手できなかったときは，次に行けるチャンスを楽しみにして待ち，不正に加担しないようにしよう。SNSやフリマアプリ，オークションサイト等で転売行為を繰り返していると取り締まりの対象となる。

◎チケット不正転売禁止法
　　　　　　（2019年6月施行）
　チケットの転売を禁止し，その防止に関する措置を定めた法律。
　定価より高い価格での転売行為はその対象になる可能性がある。

➕ ネット上の売買における注意点

◎取引相手を確認する
（ネットショッピングの場合）
　案内メール，信頼性，店のWebページ，運営会社名，所在地，連絡先，特定商取引法に基づく表記
（個人との取引の場合）
　振り込み指定銀行/郵便局口座，名前，メールアドレス，住所（私書箱），固定電話番号
◎販売サイトを確認する
　鍵（錠）マークの表示，httpsで始まるURL，Webサイトのプロパティ，サーバ証明書の有効期限とアドレス
◎代金支払い方法の確認をする
　料金あとから決済（銀行・コンビニ支払い），クレジットカード決済など（代金先払いは要注意）
◎データ類を保存する
　相手から届いたメール，銀行振り込み時の控え，購入申し込み時のサイト画面表示をデータとして保存
◎商品の内容を確認する
　違法性がないか，サイトで売買が禁止されたものでないか

12 ソーシャルゲーム

CASE A ソーシャルゲームの魅力って？

ソーシャルゲームはゲームの面白さだけでなく，SNSを通じた交流もあるため，人とのつながりが生まれたり，達成感を得られたりする。

対策・活用
ゲームをする時間を自分でコントロールしたり，健康的にゲームと接することも大切である。
自分にとってのゲームの魅力や"やりがい"を考えてみるとともに，健康的にゲームに接することができている状態はどのような状態か考えてみよう。それを踏まえて，自分や自分の身近な人も納得して楽しめるような形でゲームを楽しもう。

CASE B ゲーム依存の怖さ

ゲームは常に遊びたくなるようなさまざまな仕掛けが施されており，熱中しやすい。ゲーム依存にならないよう注意が必要である。

対策・活用
ゲームをする時間や課金額がコントロールできないなど日常生活に悪影響があると感じたらゲーム依存を疑おう。ゲーム障害が疑われるようであれば，ネット依存，ゲーム依存，ゲーム障害専門の外来病院がある。受診することも解決策の一つである。

社会の目　ソーシャルゲームの中毒性がもたらす影響

ソーシャルゲームは，手軽に遊べることに加えて，SNSと連動しリアルタイムに人とコミュニケーションを取ることができるよさがある。しかし，中毒性が強いために，注意をして利用する必要がある。

◆物理的な影響（課金をし続けて浪費）

当初は無料だが，ゲームを優位に進めたり，プレイ回数を増やすために課金を促されることが多い。気が付くとアプリに大金を浪費してしまうといった問題がある。また，ゲーム内の通貨と現実のお金の区別が付いていない例もあるので注意が必要である。

◆心身的な影響（長時間利用による日常生活への支障）

ゲームに夢中になったり，グループ内で仲間外れにされたくないがために日常生活の時間を削ってゲームを続けたりしてしまうことがある。その結果，睡眠不足が続いたり，ドライアイ，肩こりや首こりといった自律神経が大きく乱れる症状があらわれたり，ゲーム障害になったりする。

科学の目　アカウントハッキングとその対策例

アカウントハッキング（不正アクセス）で，ユーザが使用するゲームのキャラクタ情報や自身の個人情報を盗まれてしまう被害が増えている。「レベルを上げてあげる」，「プレゼントをあげる」，「ゲーム内通貨を増やしてあげる」など，甘い言葉には注意し，ID・パスワードは絶対に教えないようにしよう。

このような被害に遭わないための，セキュリティ対策として一度だけ使用可能なワンタイムパスワードなどを提供しているゲームサイトがある。また，提供されるセキュリティ対策をしていれば，被害に遭っても無償でデータを復旧してくれる場合がある。

関連キーワード

- ID（ユーザID）（→24）
- アカウントハッキング
- ゲーム障害
- ソーシャルゲーム
- パスワード（→24）
- 不正アクセス（→28）
- ワンタイムパスワード（→24）

☑ ソーシャルゲームの「無料」のひみつ

ソーシャルゲームは，無料で始められるものが多いが，その多くは，さらに楽しむための追加アイテムが有料で提供されている。

例えば，あるソーシャルゲームの参加者が2000万人として，そのうちそのゲームに500円を支払う「有料ユーザ」が3％の割合でいるとすると，売上金額の合計はいくらになるか計算してみるとわかるだろう。ほとんどの参加者が無料ユーザであったとしても，多大な利益を上げることが可能である。

また，ゲーム画面に広告を表示し，広告料収入を得るという手段もある。

✚ ゲーム障害などの対策

2019年にWHO（世界保健機関）から新たな病気として認定された「ゲーム障害」をはじめ，さまざまなトラブルがあるので注意が必要である。自分にとっての健全な関わり方はどのようなものか考えながら接するようにしよう。

◎ゲーム障害
- ゲームをする時間がコントロールできない
- ゲーム障害の問題を自覚していてもゲームを続けてしまう
- 日常生活に支障が生じる

◎そのほかのトラブル
- 有料サービスに大金を費やす
- 個人情報が流出する
- SNS上でのトラブルに発展する

◎対策
- お金の支払いを求めてくる場合は，詐欺を疑う
- 料金に関して不明な点があるゲームは利用を避ける
- 自分の個人情報を教えない

13 迷惑メッセージ

CASE A 迷惑メールに注意

突然知らないアドレスからメールが届くことがあり, 対応を誤ると, その後さらに大量の迷惑メールが届くおそれがあるので注意が必要である。

 対策・活用 知らないアドレスからのメール(迷惑メール)内に記載されているURLを開くことで, さらに迷惑メールが届く可能性がある。フィッシング詐欺サイトへ誘導されたり, ウイルスに感染したりすることもある。絶対に開かないようにしよう。しかし, 注意していても迷惑メールは届いてしまうので, 受信拒否設定や迷惑メールの自動振り分け機能を活用して対応しよう。

CASE B SNS上の迷惑コメントに注意

SNS上には, アカウントをタグ付けしてアダルトサイトなどへ誘導するような迷惑行為が存在するので注意が必要である。

 対策・活用 SNSで見覚えのない投稿へ自身のアカウントがタグ付けされた場合, 投稿内のリンクなどを開かずに, タグ付けの解除設定をしよう。また, タグ付けができる相手を制限したり, タグ付けを承認制にするなどの設定が可能なSNSもあるので, 確認してみよう。

社会の目　迷惑メッセージの分類

電子メール，SMS，SNSなどを介して送信される迷惑メッセージは，大きく次のように分類される。

広告・宣伝	特定の商品やサービスなどに関する広告・宣伝。とくに，出会い系やアダルト系のものが多い。
架空請求	知らないWebサイトから送信される，「登録料の請求」といった内容のメッセージ。
詐欺，なりすまし	「フィッシング詐欺」や「ワンクリック詐欺」などへ誘導するメッセージやコメント。
ウイルス	悪質なコンピュータウイルスや，そのリンクが含まれるメッセージやコメント。
チェーンメール・拡散	誰かへ転送させたり拡散させることを目的としたメッセージ。

このような迷惑メッセージを受け取ってしまったときは，「迷惑メッセージや添付ファイルを開かない」，「URLをクリックしない」，「個人情報を入力しない」，「絶対に送信元へ連絡しない」，「転送しない」ことが大切である。

科学の目　電子メール，SMS，SNSの迷惑行為の特徴

電子メール，SMS，SNSの違いと，それらを通した迷惑行為の特徴は以下の通りである。

電子メール	インターネットを介してメッセージを送受信するサービス。宛先の指定にメールアドレスを用いる。誰でも無料で送信できることから，大量の迷惑メールの存在が常に問題となっている。	mail
SMS（ショートメッセージサービス）	電話回線を介してメッセージを送受信するサービス。宛先の指定に電話番号を用い，一回の送信に数円から数十円程度の費用が発生する。迷惑メッセージであることを判断することが難しく，近年，フィッシングサイトへ誘導するスミッシングと呼ばれる手口が増えている。	SMS
ソーシャルメディア	SNSなど会員間の交流を目的としたサービス。迷惑コメントの書き込みや，知らないアカウントへのタグ付けによる有害サイトのURLへの誘導などといった迷惑行為がある。	ソーシャルメディア

関連キーワード

- HTMLプレビュー　　・SMS（→01）　　・SNS（→02）
- 架空請求　　・コンピュータウイルス（→27）
- スミッシング（→15）　　・タグ付け　　・チェーンメール
- 電子メール（→04）　　・なりすまし　　・フィッシング詐欺（→15）
- 迷惑メッセージ　　・ワンクリック詐欺（→15）

迷惑メッセージ，迷惑SMS対策

◎受信拒否設定

迷惑メッセージ送信者のメールアドレスまたはドメイン（@マークより後ろの部分），電話番号の拒否設定を行う。

◎メールアドレスの使い分け

メールアドレスを掲載したり，Webサイトなどへ登録したりする場合には，個人情報が流出してしまうリスクを考慮する。そのために，利用する場面によって複数のメールアドレスを使い分けるとよい。

◎HTMLプレビュー機能のOFF

HTMLメール（色や写真などの装飾がされたメール）を受け取ったときに，中身を自動的に表示してくれる機能がONになっていると，迷惑メールまでも自動で開いてしまう。ウイルス感染などのおそれもあるため，通常はこの機能をOFFにしておこう。

SNSでの迷惑行為への対処法

迷惑メッセージや，心当たりのないタグ付けや友達申請などに対しては，次のような対処を行う。

◎タグ付け

SNSで使われるタグとは，自分が投稿した画像や動画に目印をつけることをいう。タグは他のアカウントにリンクを張ることができ，タグを選択することによってリンク先へ移動することができる。

◎通報

迷惑行為や不快な投稿を運営会社へ通報する機能がある。

◎コメントの削除

自身の投稿に対する不快なコメントには返信したりURLをクリックしたりせず，削除する。

◎ブロック

不快な行為をするアカウントはブロックする（自分の投稿を見せない）。

◎タグ付けの解除

アクセス数の増加や投稿内のURLへの誘導を目的に，見覚えのないアカウントの投稿に自身のアカウントがタグ付けされることがある。自身へのタグ付けは解除することができる。

14 キャッシュレス決済

CASE A キャッシュレスって便利だけど，お金の管理はきちんとしよう

利便性の観点からキャッシュレス決済の普及が進んでいる。お金を適切に管理して活用しよう。

対策・活用　交通系ICカードもQRコード決済も，カードリーダーや専用のアプリを利用することで残高や使用履歴を確認することができる。使い過ぎや残高不足にならないように自分に合った方法で管理しよう。キャッシュレス決済と連携が可能な家計簿アプリもあり，これをきっかけに家計を見直すことも可能である。お金が自動でチャージされるサービスを利用しても大丈夫なようにきちんとお金の管理をしよう。

CASE B キャッシュレスに頼りすぎると…

かなり普及したキャッシュレス決済とはいえ，頼り過ぎて失敗をしないように，不測の事態への備えもしておこう。

対策・活用　キャッシュレス決済に対応していない店舗だったり，スマホのバッテリー切れや通信の状況でQRコード決済が使えなかったり，交通系ICカードの残高が不足していたりと，さまざまなトラブルの可能性があるので，現金も少し持ち歩いて備えておこう。キャッシュレス決済を活用することが想定される場合，利用可能な店舗か調べておいたり，モバイルバッテリーを用意するなど，計画的に行動できるとよい。

社会の目　金融×技術～フィンテック～

フィンテック（FinTech）とは，finance（金融）とtechnology（技術）を合わせた造語で，最新の情報技術を積極的に活用した金融サービスを表す言葉である。銀行などの金融機関が直接提供するATMやインターネットバンキングサービスだけでなく，複数の金融機関と提携して収入支出情報を管理することができる家計簿アプリや，ブロックチェーン技術を応用した暗号資産（仮想通貨），家計や投資のAIによる分析，スマートフォンを利用したキャッシュレス決済など，金融機関以外の会社が提供するサービスも多い。

| インターネット | スマートフォン | 金融サービス |

AI などの IT 技術

科学の目　キャッシュレス決済の種類と仕組み

キャッシュレス決済における支払い方法には次の三つがある。

前払い	プリペイドカードやICカードに現金をチャージしておく方式
即時払い	銀行口座に紐付けられており，その場で銀行口座から代金が支払われる方式
後払い	利用した分が支払日に銀行口座から引き落とされる方式

キャッシュレス決済のおもな種類には，次のようなものがある。

電子マネー	交通系ICカードを決済端末にかざすことで支払いができる。スマートフォンに内蔵されたICチップで同様の支払いをすることもできる。
QRコード決済	店舗情報が埋め込まれたスマートフォンで読み取り，支払い金額をお店に確認してもらうことで店舗への支払いができる。反対に，店側がスマートフォンに表示されたQRコードを読み取ることで決済する方式もある。 ネットワークを経由して情報をやり取りするため，オフライン状態では使用できないことに注意が必要である。

関連キーワード

- ・ATM　・ICカード　・QRコード決済
- ・インターネットバンキング　・キャッシュレス決済
- ・クラウドファンディング　・電子マネー　・フィンテック

☑ クラウドファンディング

インターネットを通じて不特定多数から資金調達することである。新商品開発の場合，開発資金をクラウドファンディングで集め，出資額に応じた成果物をリターンとして出資者に提供することが多い。それ以外にも，起業資金や寄付など，さまざまな分野で利用されている。クラウドファンディング詐欺も発生しているので利用には注意が必要である。

| 出資者 | インターネット | 調達者 |
| リターン |

☑ クレジットカードの利用

クレジットカードは，キャッシュレス決済や，ATMなどから簡単にお金を引き出すキャッシングができるが，どれも借金である。利用する際は，そのことを忘れずに，自身の収入，現時点での利用総額，月々の返済額などを確認するなどしよう。

✚ キャッシュレス決済の注意点

キャッシュレス決済を利用する際の注意点は次の通りである。
- ・今までの支払い額や現在のチャージ額の確認
- ・交通系ICカードの残高の確認
- ・支払いをする店舗の対応状況の確認
- ・トラブルに備えた現金の所持
- ◎スマートフォンを利用したQRコード決済の注意点
- ・スマートフォンの電池残量や故障の有無の確認
- ・インターネットの接続確認
- ・IDとパスワードの管理
- ・決済業者を騙るフィッシング詐欺でないかの確認

15 不当請求・オンライン詐欺

CASE A ワンクリック詐欺に遭遇したら

ワンクリック詐欺の被害にあわないためにはどうしたらよいだろうか。また，端末に請求画面が表示され続けてしまうような場合，どのように対処したら良いだろうか。

 対策・活用 不用意にメール中に記載されているURLや広告のリンクをクリックしないことで防ぐことができる。万が一，クリックしてしまい請求画面が出てしまっても支払う必要はない。請求画面は，スマホを再起動する，ウイルス対策アプリでスキャンする，キャッシュをクリアするなどの方法で消えることが多い。

CASE B フィッシング詐欺の手口

フィッシング詐欺は，本物の画面に似せたダミーサイトへ誘導して，そのサイトから個人情報を不正に入手するという詐欺の手口である。注意していれば被害にあわずに済むことができる。

 対策・活用 差出人のメールアドレスやリンク先のURLなどが正しいか，メールの文面の一部を検索し，同様のフィッシング詐欺事例はないか確認しよう。メールの文面に慌ててしまわず，冷静に一つ一つ確認し対応することが重要である。被害が広がらないように，フィッシング対策協議会へ報告するなどできるとなお良い。

社会の目　フィッシング詐欺，ワンクリック詐欺

◆フィッシング詐欺

　実在の企業名やサービス名を装い，緊急性が高そうなメール（パスワードの変更要求やアカウントのロック通知など）を送付し，そのメールに記載したリンクから，本物の画面に似せたダミーサイトに誘引する。ダミーサイトで，IDとパスワードやクレジットカード番号などを入力させ，情報を不正に入手する。この一連の詐欺の手口をいう。

　このほかに，SMSを悪用した手口のフィッシング詐欺（スミッシング）もある。

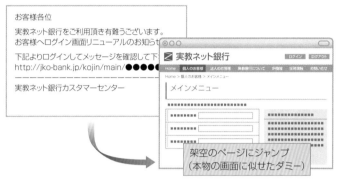

不正画面例

◆ワンクリック詐欺

　Webサイト上のURLやメールに記載されたリンク，不正なアプリの起動などをきっかけに，不当な請求をする詐欺の手口をいう。料金請求画面が常に端末上に表示され続けることが多い。とくに，不正なアプリを用いた手口の場合，スマートフォンから自動的にワンクリック詐欺を行っている業者へ電話番号やメールアドレスといった情報が伝わる仕組みを備えているものもあるので，注意が必要である。

科学の目　「電子証明書」の確認

　フィッシング詐欺を防ぐためには，電子証明書を確認することが有効である。多くのWebブラウザで，鍵（錠）のアイコンがアドレスバーに表示される。このアイコンが表示されている場合には，SSL/TLSで接続されている証拠である。

　この鍵アイコンをクリックすると，証明書情報を表示することができる。証明書の発行先の欄に当該の組織名の記載があれば本物の画面であることが確認できる。発行者や有効期限を確認することも大切である。

関連キーワード

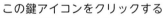

- ・OS　　・SSL/TLS（→30）　・オンライン詐欺
- ・クラウドファンディング（→14）　・スミッシング
- ・電子証明書　・フィッシング詐欺　・不当請求
- ・ワンクリック詐欺

口コミ評価の操作

　多くのショッピングサイトやグルメ情報サイトなどには口コミ評価の欄がある。この評価の高さが，売り上げにつながることから，報酬をもらって高い口コミを投稿する業者や，やらせの書き込みの存在が近年問題視されている。高い評価だけでなく，低い評価のコメントにも目を通すなど，公平な目でみるように心がけよう。

クラウドファンディング詐欺

　クラウドファンディングは，気軽に投資や支援ができる一方で，「募金や寄付金をだまし取る」「返礼の商品を支援者に届けない」「開催予定のないイベントの運営費を募る」など，詐欺の事例が増えている。詐欺の被害にあわないためには，起案者情報を調べて信用できるか判断したり，実現可能な製品・予定かなどを確認したりするとよい。

スマートフォンの詐欺対策

- ・OSは常に最新の状態にアップデートする
- ・ウイルス対策アプリを利用する
- ・アプリのインストールは信頼できる場所から行う
- ・「提供元不明のアプリ」はインストールしない設定にしておく
- ・アプリのインストール時にアプリが求めるアクセス許可をよく確認し，アプリの動作に不必要なアクセス許可を求めるものは，インストールを中止する

　自分の電話番号やメールアドレスが差し出し人となっているメッセージが自分に届くことがある。

　これは，不正アプリによって端末の個人情報などが漏えいした可能性がある。料金請求の電話やメールに対しては，電話の着信拒否やメールの受信拒否などで対応しよう。

16 ネット上の誹謗中傷

CASE A メッセージアプリでの誹謗中傷

メッセージアプリのやりとりの中で，何気ないことがきっかけとなり，誹謗中傷に発展してしまうことがある。

 メッセージアプリ内のグループで一度始まってしまった会話の流れは，なかなか軌道修正できない。このような流れを始めない，加担しないことが大切である。もしそのようなことが身近に起きた際は，「大丈夫」「一緒に解決方法を考えよう」などと対象となっている人に寄り添ってあげることができればなお良い。

CASE B SNSでの誹謗中傷

対象が芸能人であろうと，SNS上で特定の個人を誹謗中傷することは，許されない行為である。

 強い正義感をもとにした行動はなかなか止めづらい。広い視野と相手の気持ちも考えて行動する必要がある。全体の雰囲気や，ネットでの発言に流されず，自ら考えて，他者を中傷する流れに乗らないという選択をできることが重要である。

社会の目　ネット上の誹謗中傷

誹謗とは他人を悪く言うことであり，中傷とは根拠のないことを言い相手の名誉を傷つけることである。ネット上では情報を匿名でも発信できてしまうことやすぐに拡散してしまうことから，不特定多数のユーザから特定の個人に対する誹謗中傷が起きやすく，誰もが，その被害者にも加害者にもなり得るといえる。

◆被害者にならないために

反社会的であったり，配慮を欠いたコメント・写真・動画などの投稿をきっかけに，誹謗中傷が止まらなくなる場合がある。投稿する際は，内容はもちろん，その公開範囲についても注意をする必要がある。誹謗中傷が酷い場合，正しい手順を踏むことで投稿者を特定し，法的な措置を取ることもできる。

◆加害者にならないために

多くの人が誹謗中傷の投稿をしている様子を見て，自分も投稿してよいと思ってはいけない。相手が，芸能人や政治家などであったとしても，誹謗中傷は絶対に許されない人権侵害行為である。たとえ事実であっても名誉毀損になり得てしまう。

被害者にも加害者にもならないために，投稿の際は，相手やほかの人たちの気持ちを考えて発言することが大切である。

科学の目　インターネット上の匿名とIPアドレス

インターネットでは，その人物が誰であるのか特定されないと思いがちだが接続しているコンピュータには識別番号として「IPアドレス」という世界で固有の番号が割り当てられているため，完全に匿名とはいえない。

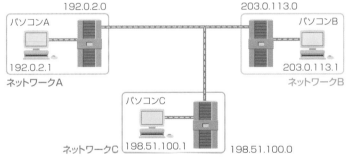

例えばSNSに書き込みを行った場合，そのSNSを管理しているWebサーバに，書き込みを行ったコンピュータのIPアドレスなどの情報が記録される。Webサーバの管理者は，トラブルなどが発生した場合，これらの情報を利用することで利用者の特定を行うことができる。このことから，インターネット上では発信者がほぼ特定できてしまう。

関連キーワード

・IPアドレス　・炎上　・自力救済　・誹謗中傷
・プロバイダ責任制限法　・名誉毀損

✅ 炎上のメカニズム

炎上させてしまった場合の対応の一つとして，炎上のきっかけとなった投稿の続きに，炎上を引き起こしてしまったことへのお詫び，補足・修正すべき情報の説明などを行うことが大切である。反省の意を伝え，批判や指摘に対して素直に感謝の気持ちを示すなど真摯な対応により，よい方向に向かう場合もある。

➕ ネット上の誹謗中傷と法律

◎自力救済の禁止

容疑者と思われる人物を警察のまねごとのようにして特定し，個人情報や家族の実名などのプライバシー情報を公開したり，誹謗中傷したりする行為は，正義感のためであったとしても人権侵害になる。仮に被害にあったためその犯人を見つけたい一心で行ったとしても自力救済という違法行為にあたってしまう。感情に流されず，警察などの公的機関や弁護士などの専門家を頼ることで問題に対処することが望まれる。

◎プロバイダ責任制限法

この法律により，権利侵害情報に関し，プロバイダが保有する発信者の情報の開示を請求できる。開示請求を行う際，窓口として違法・有害情報相談センターがある。
(https://ihaho.jp/)

17 個人情報と情報提供

CASE A　同じ趣味の人たちとつながる

SNSでは同じ趣味や考えの人たちとつながりを作ることができる。

対策・活用　SNSで初めて知り合う人とつながりをもつ場合には，相手が悪意のある目的をもっている可能性もあり，トラブルに巻き込まれることもあるので注意する必要がある。
一方で，趣味や社会的な活動で仲間を作っていく際にはSNSは有効な手段であるため，トラブルに注意しつつ活用すると良い。

CASE B　情報を組み合わせると

SNSでは，一つの情報では誰だかわからなくても，いくつかの情報を総合して判断すると，個人が特定できる場合がある。

対策・活用　所属している組織や，時間と場所が特定できる画像などは，組み合わせると個人を特定しやすいので，SNSに掲載する際には気を付けるようにする。
最初から個人名を出して，特定される前提のアカウントと，個人がわからないようにして使用するアカウントを使い分けるなどの方法も考えられる。

社会の目　情報の提供と配慮

　情報を提供する場合は，一般的に次のような配慮が必要である。
・肖像権や著作権などを侵害していないこと
・個人が特定されないようにすること
　とくに自分の情報については，自分自身で管理することが大切であり，企業のWebサイトに個人情報を登録する際も，プライバシーポリシーをよく読んでから行うほうがよい。SNSなどで不用意に個人情報を掲載したり，教えたりすることは，配慮に欠ける行動といえる。
　また，相手と自分の関係は常に変化するものであり，信頼していた相手が自分に悪意を抱くようになる可能性も否定できない。公開された掲示板に本人に無断で住所や携帯の番号を載せたり，リベンジポルノ（→p.69）などの写真や動画を掲載したりするのは，その極端な例といえる。どのような個人情報を相手に渡すかについては，将来的なことも考えて慎重に判断する必要がある。

科学の目　個人情報の組み合わせ

　名前だけでは個人が特定できなくても，他の情報を組み合わせることで分かってしまうこともある。たとえば，学部の中で，名前以外の情報を組み合わせて自分を特定するのに，どのくらいの情報が必要だろうか。性別，出身高校，所属サークル，アルバイト先，通学方法…。このくらいでほぼ特定できる。これらの情報がもしネット上に流出したら，どんなことが起きるか想像してみよう。

実教高校出身

誰？

自転車通学

野球部

関連キーワード

・SNS(→02)　　・基本四情報　　・個人情報
・マイナンバーカード　　・マイナンバー制度

☑ 個人情報

　生存する個人に関する情報で，氏名などの，個人を識別できるものをいう。メールアドレスやIDなどのように単独では個人を特定できなくても，ほかの情報と組み合わせて個人を識別できるものも個人情報として扱われる。
◎基本的事項
　基本四情報（氏名，性別，住所，生年月日），年齢，国籍
◎家庭生活など
　親族関係，婚姻歴，家族構成，居住状況など
◎社会生活など
　職業・職歴，学業・学歴，資格，成績・評価など
◎経済活動など
　資産・収入・借金・預金などの信用情報，納税額など

☑ マイナンバー制度

　日本に住民票を有するすべての人（外国人も含む）に12桁の番号を割り当て，複数の機関に存在する個人の情報が同一人物の情報であることを確認する制度である。マイナンバー制度が導入されたことで，個人情報（氏名・性別・住所・生年月日・所得・年金・税金など）を一つの番号で管理できるようになった。従来のように年金番号や納税者番号など，用途によって複数の番号を使い分けるより便利になるいっぽう，情報が流出した場合はその被害が大きくなる可能性がある。そのため，現段階では社会保障，税，災害対策など，用途を限定して使用されることになっている。
　また，希望者にはマイナンバーと顔写真，氏名，性別，住所，生年月日が記載され，身分証明書や健康保険証として使用できるマイナンバーカードが発行されている。

18 個人情報の流出

CASE A スマートフォンの中には個人情報が満載

スマートフォンには友だちや家族などのメールアドレスや電話番号が保存されているが，これらはすべて個人情報である。

対策・活用
他人のメールアドレスや電話番号は個人情報であるため，第三者に教えるには本人の承諾が必要である。
スマートフォンの紛失や盗難などにより個人情報が流出することがないよう，パスワードや生体認証などを設定し，他人がスマートフォン内に記憶された情報にアクセスできないようにしておく。

CASE B 本当にお得？

名前や住所などの情報を提供することと引き替えに，ポイントなどの特典が得られることがあるが，この情報を元にした営業活動が行われることが多い。

対策・活用
郵便でのダイレクトメールや，メール，SNSなどでの広告を避けるためには，個人情報を不用意に提供しないほうが良い。
自分の興味に合っていて，情報提供を継続的にしてほしいと思える内容であれば個人情報を提供してもよいが，個人情報の流出の心配が少ない，信用できる相手に限定するほうが良い。

社会の目　使用済みスマートフォンの廃棄

　携帯電話やスマートフォンは，電話番号やメールアドレスなど，個人情報の宝庫である。データを消去せずに廃棄すれば，個人情報の流出につながるおそれがある。

データ	廃棄前に消去
電池	リサイクル 不用意に廃棄すると爆発する可能性がある。
本体	リサイクル 金やレアメタルなど有用金属が含まれる。

　専用の破砕機がある携帯電話会社のカウンターなどにもって行くと，データの流出を心配することなく廃棄することができ，適切なリサイクルを行うことで資源の有効利用につながる。

科学の目　個人情報の流出とアプリの設定

　スマートフォンにはさまざまなアプリをインストールすることができる。これらの中には，必要に応じてユーザのデータにアクセスするものがある。iOSなどはアクセスする際に，Androidなどはこれに加えてインストールする際に，ユーザに設定を確認する。

　アプリをインストールする際，本来必要でない情報を入力させることもあり，よく確認してアクセスを許可しないと，自分が想定していない形で個人情報が流出することがある。最初から個人情報の流出をねらった不審なアプリも流通しているので，アクセス許可については注意が必要である。

✅ ソーシャルログイン

　新たに会員制サイトで会員登録を行う際に，SNSのアカウント情報を使ってログインできるソーシャルログイン(SNS ID連携)ボタンを見かけることがある。

　すでに登録済みのSNSアカウントを利用することで新たなパスワードを入力することなくログインができる便利な機能である。

　しかし，SNSのアカウント情報が漏れた場合，連携しているサービスすべてに不正ログインされてしまう危険性がある。その結果ソーシャルログインで利用している，すべてのサービスに提供している情報が閲覧・取得されてしまう場合があるので注意が必要となる。

　初回ログイン時に許諾する権限が表示されるので，提供して良い情報かどうかや，不必要な権限がないかを確認することが大切である。

✅ ソーシャルエンジニアリング

　廃棄された紙ゴミなどを利用して，IDやパスワードを入手することをトラッシング(スキャベンジング)という。このような個人情報の不適切な管理を利用して情報通信技術を利用せずにIDやパスワードを入手することを，ソーシャルエンジニアリングと呼んでいる。

　書類をきちんと整理し，鍵のかかった棚に入れ，廃棄の際はシュレッダーにかけるなどの対策が必要である。

関連キーワード

- アクセス許可
- ソーシャルエンジニアリング
- トラッシング
- スキャベンジング
- ソーシャルログイン

19 個人情報の保護

CASE A 信用情報を開示せよ！

クレジットカード会社や，消費者金融などの金融機関が加入している信用情報機関には個人の金融取引情報が登録されている。

対策・活用
登録されている信用情報がまれに誤っていることもあり，そのためにカードが作れないなどの不利益を受けることがある。

各信用情報機関は，個人で自身の信用情報を確認できる方法を設けている。間違った個人情報によって不利益を受けたと思った場合は，自身の信用情報を確認すると良い。

CASE B 個人認証は面倒だけど大切

個人認証にはパスワードの入力以外にも利用者の生体情報を利用する方法がある。

対策・活用
生体情報による認証はさまざまな方法があり，それぞれ利点や欠点がある。

個人認証については，生体情報による認証以外の方法も含めて，それぞれの特徴や利点・欠点を踏まえて方法を選ぶと良い。

社会の目　個人情報保護法

個人情報に関して本人の権利や利益を保護し，適正な取り扱いが実現されるよう，行政や企業に対して必要な措置を求めているほか，個人情報取扱事業者の義務や罰則を示している。

個人 → 利用目的の通知 ← 個人情報管理者
扱い方の通知
開示請求
訂正請求
利用停止請求

◆公開の原則
(1) 利用目的の通知　本人に利用目的を知らせる。
(2) 扱い方の通知　管理者や運用方法について知らせる。

◆個人参加の原則
(3) 開示請求　保有する情報の開示を求めることができる。
(4) 訂正請求　事実に反する情報の訂正を求めることができる。
(5) 利用停止請求　不正な利用の停止を求めることができる。

科学の目　安全なWebサイト

安全なサイトの確認方法の一つとして，「HTTPS」が利用されているかを調べる方法がある。HTTPSはWebの通信プロトコルであるHTTPにSSL/TLSプロトコルによって通信の暗号化やWebサーバの認証を行うしくみである。

HTTPSを用いているWebサイトを閲覧している際にWebブラウザの鍵のマークをクリックすると，電子証明書で有効期限や発行者が確認できる。

HTTPSでは通信の暗号化によって盗聴や改ざんの検出ができ，またサーバ証明書でなりすましでないかも確認できる。ただし，証明書の認証にはそのサイトの運営者の確認までは行わないものもあり，過信しすぎないことが大切である。

関連キーワード

・HTTPS　　・SSL/TLS（→30）　　・エゴサーチ
・個人情報保護法　・個人認証　　・サーバ証明書
・信用情報　　・生体認証（→24）　・認証（→24）
・ネット依存（→07）　・ネット依存症
・プライバシーポリシー　　・プライバシーマーク

☑ エゴサーチ

自己を表す「エゴ」と，検索を表す「サーチ」を組み合わせた言葉。自分や自分が属している組織の名前をインターネットで検索することを意味する。

SNSやブログなどで自分や組織についてどのような書き込みがされているかを確認するために行われることが多い。

自分の個人情報が漏えいしていることを発見できたり，組織についていろいろな意見を集めることができるという利点はあるが，ネット上の評判を過度に気にしすぎるとネット依存症の一種となってしまう場合があるので，注意が必要である。検索された情報には辛辣な表現や誇大な表現がある場合も多く，受け流す気持ちで閲覧したほうが良い。

☑ プライバシーポリシーとプライバシーマーク

プライバシーポリシーとは，企業などが管理するWebサイトにおいて収集した個人情報をどう扱うかを定めたもので，個人情報保護方針ともいう。

企業サイトの利用などにあたって，住所や名前，生年月日などを登録する必要がある場合は，これをよく読んでから行う。Webサイトによっては，「第三者に個人情報を提供する場合がある」と書かれていたり，プライバシーポリシー自体が明記されていなかったりする場合もある。このようなWebサイトでは，個人情報を登録しないようにする。

プライバシーマークは，「個人情報の保護に関する法律」の内容に適合し，適切に個人情報を管理していると一般財団法人「日本情報経済社会推進協会（JIPDEC）」が認定したことを示すマークである。このマークを使用している企業は，個人情報保護に関して一定の基準を満たしているといえる。

20 個人データの活用

CASE A 人の動きをもとにした設計

スマートフォンの位置情報や個人の購買履歴は常に収集されており，ビッグデータとして活用が進んでいる。

対策・活用 位置情報は匿名加工情報として個人情報を取り除いた形での活用が進んでいる。
　匿名加工情報をもつ企業が，多様な活用を進めるために情報を販売するケースも出てきており，新たなビジネスチャンスが生まれてきている。

CASE B 同じ広告が何度も表示

パソコンとスマートフォン，それぞれのWebブラウザで同じアカウントを使用していると，どの端末でも同じサービスが受けられる。しかし，Web広告には，検索した内容をもとに広告を表示する機能があるため，どの端末でも同じ広告が表示されてしまうことにもなる。

対策・活用 ブラウザによっては，自分のアカウントにログインしなくてもWebにアクセスできるものもあるため，このような広告を避けたい場合には，活用すると良い。
インターネットでの広告は，興味や関心をもってもらえそうな閲覧者に対して効果的に行うことで，効果をあげることができる。

社会の目　学習履歴の活用

コンピュータを活用した学習システムをeラーニングと呼ぶ。eラーニングでは個々の学習履歴を蓄積し，より最適な学習内容を提供できるようにしているシステム（アダプティブラーニング）（→p.72）が用いられることが多い。

それらは，学習履歴をもとに過去の学習者がどの問題をどのように間違えたか，その際にどのような学習をすると効果的に学力が身に付くかを人工知能(AI)によって分析し，分析結果に基づいた学習プログラムが提供されるシステムとなっている。

科学の目　企業における履歴の活用

最近では複数の店舗，企業にまたがって買い物などでポイントが獲得でき，使用できる共通ポイントが多くなった。一つのポイントカードがコンビニエンスストアやネットショッピングなど，あらゆる業種で使用できるなど利便性が高い。

しかし，共通ポイントではポイントを付与する見返りに，ポイントカードを使用した履歴がビッグデータとして活用されることが利用規約に記載されている。

共通ポイントを使用した履歴以外にもスマートフォンやカーナビゲーションの位置情報の履歴，Webの閲覧履歴などが企業のマーケティングなどといった多くの活動に活用されている。

さまざまな履歴が活用されることによって社会全体が便利になっていく一方，個人の行動が履歴として収集されていることには注意する必要がある。

関連キーワード

・アダプティブラーニング　　・学習履歴　　・検索連動型広告
・人工知能(AI)　　・匿名加工情報　　・ビッグデータ

✓ ビッグデータとAI

人工知能(AI)はコンピュータで疑似的に人間の知能を再現し，問題の解決に役立てるしくみである。その実現のために，コンピュータは多くのデータをもとに人間の判断基準を再現していく。このため，データが多ければ多いほど精度は高くなる傾向にある。

ビッグデータの収集・活用はさまざまな問題を解決するために必要不可欠となりつつある。しかし，ビッグデータのもとになる情報には，個人情報が含まれている場合も多く，注意が必要である。

例えば，スマートフォンの位置情報の履歴などは，そのまま使用すると個人の行動履歴そのものが他人に知られることになってしまう。

◎ビッグデータとして使える情報
・電子マネーの利用履歴
・共通ポイントの利用履歴
・日々の天気
・血圧，心拍数などバイタルサイン
・SNSでの発言　　　　など

👤 連絡先データのアップロード

FacebookやLINEなどでは，電子メールアドレスや電話番号などの連絡先のデータをアップロードすることがある。アップロードした連絡先のデータの中に，別のユーザの連絡先が存在した場合，そのユーザどうしは知り合いである可能性が高い。「知り合いかも」に知り合いが表示されるのはこのためである。

しかし，自分の連絡先をアップロードされたくないという人がいることも考慮する必要がある。

また，知らないうちにアプリの設定により連絡先を共有してしまっていることがあるので，確認するとよい。

21 文章や画像の利用

CASE A 学園祭のTシャツデザインはどうする?

文章や画像などの著作物を使用する場合，原則として著作権者の承諾を得る必要がある。

対策・活用 フリー素材とされているものは基本的に著作権者の承諾なしに使用することができる。自分たちでオリジナルの文章や画像を作成して使用することができない場合には，フリー素材の活用を考えるとよい。

ただし，フリー素材のすべてが無許可で良いとは限らないので使用方法については，それぞれの使用規定を確認しよう。

CASE B 定期演奏会のポスターにアニメのキャラクターを使っちゃった

著作権者の承諾なく著作物を使用してはいけない。アニメのキャラクターにも著作権が存在する。

対策・活用 アニメのキャラクターなどを使用したい場合には著作権者の承諾を得る必要がある。

著作権者の承諾を得ずに無断でアニメのキャラクターなどを使用すると，刑事罰の対象になったり，損害賠償を請求されたりする場合がある。

社会の目　フリー素材と著作権

　ネット上には「フリー素材」とされている画像が掲載されているサイトがいくつもある。

　しかし，使用規約に「商的利用の禁止」や「無料で使えるイラストの点数」が制限されている場合が多い。「フリー素材」とされている場合であっても，多くは著作権が放棄されているわけではなく，権利料の請求を行わないことを宣言しているだけであることが多い。

　なお，著作権者が著作権を放棄した著作物や，著作権の保護期間（原則著作者の死後70年）が過ぎた著作物であるパブリックドメインについては許可をとらなくても自由に使えるが，著作隣接権への配慮は必要である。

↑フリー画像のサイト

↑著作権保護期間を過ぎた文学を集めたサイト

科学の目　著作権保護とデジタルすかし

　画像に著作者や著作権情報などを電子的に埋め込む技術があり，これをデジタルすかしという。この処理をされた画像は，見た目はもとの画像とかわらないが，定められた方法で著作権情報を取り出すことができる。画像をコピーしたり，多少の変形をしたりしても，この著作権情報は保持される場合が多い。

　一見，もとの画像とかわらないように見えるが，著作権情報が埋め込まれている。同様の手法は音楽や映像などでも実用化されている。

☑ セリフと画風の著作権

　有名な漫画のセリフや，作家の画風を取り入れたコンテンツを作成したいとき，著作権をどう考えるか。

　ドラマなどを含めてセリフには著作権が存在するが，「駆逐してやる」などの短い文には権利が発生しないと一般的には考えられている。

　また，漫画そのものや，登場するキャラクターは著作権で保護されるが，絵の特徴や傾向など作者の画風には著作権は存在しない。

☑ クリエイティブ・コモンズ

　著作権者が自らの著作物の再利用を許可するにあたって，許可の条件を手軽にわかりやすく表示する方法の普及をはかっているのがクリエイティブ・コモンズという団体であり，そのライセンス形態がクリエイティブ・コモンズ・ライセンスである。

　ライセンスは，次の条項を組み合わせることで構成される。

 表示(Attribution)
著作権者の表示

 非営利(Noncommercial)
非営利目的での使用に限定

 改変禁止(No Derivative Works)
いかなる改変も禁止

⟳ 継承(ShareAlike)
著作物を利用して二次著作物を作った場合，もとの著作物と同条件のライセンスとすること

☑ パブリックドメイン

　作者が著作権を放棄したか，著作権の保護期間が終了したことにより，著作物を自由に利用できる状態をパブリックドメインという。

　著作物を活用しやすくすることで，新たな文化が創造されやすくなることが期待される。

関連キーワード

・意匠権　　・クリエイティブ・コモンズ　　・商標権　　・著作権
・著作物　　・著作隣接権(→ 22)　　・デジタルすかし
・パブリックドメイン　　・フリー素材　　・保護期間

49

22 音楽や映像の利用

CASE A 定期演奏会で演奏する音楽の著作権は…

演奏会で現在も著作権が存続しているような曲を演奏すると，著作権料が発生する場合がある。

対策・活用
著作権の保護期間が切れているクラシック音楽などでも，編曲者などに著作隣接権が発生している場合がある。
著作権料が発生する場合には，JASRACなどの著作権管理団体に使用の申請をして，著作物の使用料を支払うことになる。

CASE B 振り付けの著作権は…

振り付けは著作物であるため，ダンスの振り付けにも著作権は存在する。

対策・活用
著名な振付師が考案した振り付けで踊った動画を動画投稿サイトに掲載すると著作権侵害となる。
振り付けを「非営利・無料・無報酬での上演」として使用するのは許諾の必要がないが，ネット上で公開する際には振り付けの許諾を得る必要がある。

社会の目　著作隣接権

　著作隣接権は，著作物を実演する際に生じる権利であり，歌手，演奏家，役者などの実演家が実演するたび，これが生じている。

　作曲家が亡くなってから70年以上経ったクラシック音楽のコンサートであっても同じである。演奏している演奏家には当日の報酬が支払われるが，CDなどでコンサートの音源が使用されると，販売された際に，売り上げに応じて演奏者や役者には著作隣接権使用料が支払われる。ネット配信でも同様のことが行われる。

　音楽や映像を利用する際には作曲家，作詞家の著作権以外にも著作隣接権への配慮を忘れないことが必要となる。

科学の目　デジタル著作物の保護

　インターネットで楽曲などを購入する機会が多くなってきた。データは，デジタルで保存されるため，アナログと比べて何度コピーしても品質が劣化しない。これらが不正にコピーされて流通することがないよう開発された技術の総称がデジタル著作権管理である。英語では，Digital Rights Managementとなるので，頭文字を取ってDRMと略す場合が多い。

　具体的には，対応機以外にはコピーできない，あるいは複製回数の制限などが有名であるが，これはDRMに対応したハードとソフトを組み合わせて実現する場合が多い。一部の音楽配信や，地デジ(地上デジタル放送)や衛星放送，有料放送，電子書籍などで使われている。

データ

DRM対応機

DRM非対応機

関連キーワード

・DRM　　　・違法ダウンロード　　　・著作権法
・著作隣接権　　・デジタルコンテンツ　　　・包括利用許諾契約

違法コンテンツと著作権法

　インターネット上のコンテンツはデジタルデータなので，コピーが簡単にできる。これに対応して著作権法が改正され，盗撮した映画など，違法なコンテンツを公開するだけで処罰されるようになった。さらに，違法と知りながらダウンロードすることや，DVDなどのコピーガードを外してコピーすることも，刑事罰の対象になった。

　このように，著作権法は「著作者の権利を保護する」という原則に立って，技術の進歩に対応して改正されている。

ゲーム実況と著作権

　ゲームをプレイしながら実況する様子を動画で配信するゲーム実況は，人気のコンテンツである。

　著作権法上ではゲームの映像は映画と同じ扱いとなり，配信には権利者の許諾が必要である。しかし，近年はメーカーが宣伝効果を期待して配信を推奨している場合も多い。

　ゲームメーカーや個別のゲームタイトルごとに，それぞれ配信に関するガイドラインが設定されている場合が多いので，配信を行う前に確認をすることが大切である。

動画投稿サイトの包括利用許諾契約

　動画投稿サイトに投稿される動画で使用されている音楽については，JASRACなどの著作権管理団体が包括的な利用許諾契約を動画投稿サイトと結んでいる場合が多い。

　これにより，投稿する動画に音楽を使用する際，個別に著作権者の許可を取らずにすむ。しかし，動画投稿サイトによっては，自分で演奏したもののみが許可されている場合などがある。各サイトの規約を確認し，規約に沿った活用をしよう。

23 学習と著作権

学校などの教育機関は授業で使用することを目的とする場合には，公表された著作物を複製することができる。

 対策・活用

たとえ学習の場であっても，営利目的の学習塾や予備校などでは，著作物を無断で複製することはできない。
学習塾や予備校などにて著作物を使用する際には，事前に著作権者の許諾を得る必要がある。

レポートは，本来自分の考えや意見を文章にすることで作成する。内容を理解せず，ネットの賛成意見と反対意見を貼り合わせるだけでレポートを作成してはいけない。

 対策・活用

参考文献を引用すること自体は大切なので，そこに自分の意見をきちんと反映していく。
引用した文献については，引用のルールに則った記述を行い，参考文献の紹介も忘れずに行う。

社会の目　学校の授業における著作権

著作権法第1条には「文化的所産の公正な利用に留意しつつ，著作者等の権利の保護を図り，もって文化の発展に寄与することを目的とする」とある。文化の発展という観点から，学校の授業では，下記のように著作権を一部制限することが認められている。

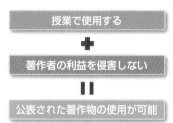

> **著作権法第35条1項**
> 「必要とされる限度において，公表された著作物を複製することができる。」

授業で使用する
＋
著作者の利益を侵害しない
＝
公表された著作物の使用が可能

ここでいう「必要とされる限度」とは，目的が「授業における使用」であることと，複製数が「児童生徒」の人数であることである。

科学の目　授業目的公衆送信補償金制度

著作権法第35条において認められる，学校における授業での他人の著作物を複製する行為は，紙にコピーして配布する場合は対象になるが，インターネットを経由しての提供（公衆送信）は対象とならず，著作権者に事前の許可が必要であった。

そこで2018年に著作権法が改正され，教育機関の設置者（教育委員会，学校法人など）が補償金を一般社団法人 授業目的公衆送信補償金等管理協会に支払うことにより，事前の許可なしでインターネット経由での授業においても著作物を利用することができるようになった。

なお，上記の制度の場合であっても，著作権者の利益を不当に害するような利用はできない。

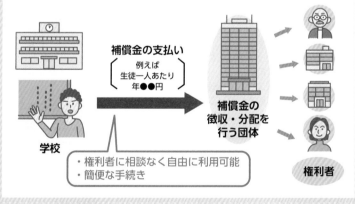

学校
補償金の支払い
例えば
生徒一人あたり
年●●円
補償金の
徴収・分配を
行う団体
・権利者に相談なく自由に利用可能
・簡便な手続き
権利者

関連キーワード

・引用
・授業目的公衆送信補償金制度
・著作物の複製
・公衆送信
・出典
・盗用チェック機能

論文の引用と盗用

学問は，他人の成果を足掛かりに，自分の成果を加えることで発展してきた。このため，ほかの論文に引用された回数が多いほどよい論文とされている。そのため，引用することは必要だが，そのルールを守らない論文は厳しく非難される。

ノーベル賞の選定などでも，論文の引用回数は大きく評価されている。引用回数が多いということは，その論文に述べられている内容に学術的価値があり，その実験結果や理論をもとに新しい学問分野が発展していることを示す。

引用のルール

著作物の引用にあたっては，次のようなルールを守る。
・出典（著作者名や作品名など著作物を特定できるもの）を明示する
・引用した部分がわかるように，段落や字体，文字の大きさを変える
・誤字，脱字を含めて引用元の文章を改変しない
・質的，量的に自分の著作物が主，引用部分が従になるようにする
・引用は必要最小限にする

盗用チェック機能

クラウドサービスには，提出されたレポートがインターネット上にあるほかのWebサイトから盗用したものでないかをチェックする機能を提供しているサービスがある。

この機能を利用すると，レポートのどの部分が，どこのWebサイトのどの部分と共通しているかを瞬時に示すことができ，盗用がすぐわかるようになっている。学術論文では，盗用箇所が高精度でわかるしくみも作られている。

この機能に限らず，盗用はいずれわかってしまい，自分への信頼を損ねる行為であることを知っておきたい。

24 個人認証

CASE A ワンタイムパスワードを使ってより安全！

ワンタイムパスワードとは，サービスへのログインなどで，自分のデバイスに一時的に送られてくる認証番号のことである。

対策・活用 自分のデバイスのみに，ワンタイムパスワードが送られるため，パスワードが流出した場合でも，不正アクセスを防げる可能性が高まる。ワンタイムパスワードがSMSやメールなどのメッセージで受け取れない場合は，音声通話で確認できる場合もある。

CASE B パスワード管理機能の使用は慎重に…

パスワード管理機能は，共用パソコンで使用すると，パスワードが残ってしまうため他人が自分のアカウントにアクセスしてしまう可能性がある。

対策・活用 自分が使用するデバイスでのみ，パスワード管理機能は使用する。他人が使わないスマートフォンでは，パスワード管理機能の認証として，パスワードだけでなく生体認証（指紋認証や顔認証）もあり，素早く認証できる。

社会の目　多要素認証

　大切な情報やアカウントなどは，パスワードなど，本人のみが知っている情報を使う知識認証，ICカードなど，本人が所有しているものを使う所有物認証，人間の身体的特徴を利用する生体認証から二つ以上の要素を組み合わせて認証を行う，多要素認証が導入されていることが多い。

　多要素認証は，一つの認証が突破されたとしても複数回異なる認証が必要なため，不正アクセスの危険性を減らすことができ，セキュリティを高めることができる。2回以上の認証を行うことを多段階認証という。

いくつも認証がある…大切な情報にアクセスできない…

攻撃者　　知識認証　所有物認証　生体認証

科学の目　パスワードの攻撃手法

　パスワードを不正に取得される攻撃は次のとおりである。

	攻撃手法
辞書攻撃	辞書や人名録など既存の文字列を使ってパスワードを生成して解読する。
総当たり攻撃	全通りの数字・文字・記号の組み合わせを試して解読する。
逆総当たり攻撃	よく使われる脆弱なパスワードを一つのアカウントに対して1回程度，それをたくさんのアカウントに対して試みる。総当たり攻撃で紹介した対策をしたとしても，攻撃を防ぐことができない。
リスト型攻撃	別のシステムから何らかの形で流出したパスワードを使って，ほかのサービスへ不正にログインをする。
ソーシャルエンジニアリング	心理的な隙や行動のミスにつけ込む。 例：ゴミ箱から書類を盗む 　　パスワードを覗き見る　など

関連キーワード

・ID（ユーザID）　　・辞書攻撃　　・所有物認証
・生体認証　　・総当たり攻撃
・ソーシャルエンジニアリング（→18）　　・多段階認証
・多要素認証　　・知識認証　　・認証　　・パスワード
・リスト型攻撃　　・ログイン　　・ワンタイムパスワード

☑ パスワードの再設定

　どうしてもパスワードを思い出せない場合は，再設定ができる場合もある。

　例えば，「パスワードをお忘れの場合」などのボタンをクリックし，あらかじめ登録されたメールアドレスに再設定用のURLが送られる方法がある。

☑ パスワード管理アプリ

　近年，さまざまなWebサービスがあるため，多くのパスワードを作成，運用しなければならない。そこで，さまざまなパスワードを一括で管理してくれる「パスワード管理アプリ」がある。ユーザはパスワード管理アプリのパスワードのみ記憶すればよく，ユーザの負担を軽減してくれる。

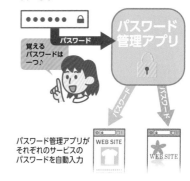

覚えるパスワードは一つ♪　パスワード　パスワード管理アプリ

パスワード管理アプリがそれぞれのサービスのパスワードを自動入力

WEB SITE　　WEB SITE

☑ ワンタイムパスワード

　ログインするときなどに，あらかじめ登録したメールアドレスや，SMS（電話番号を使ったメッセージ送信機能），専用アプリに通知される1度だけかつ短時間有効なパスワードである。ワンタイムパスワードをユーザ名とパスワードに加えて入力することでログインができる。攻撃者にパスワードを不正入手された場合でも，ログインのときにワンタイムパスワードが必要となるため，不正アクセスを防げる可能性が高まる。

25 クラウドサービス

クラウドを使っていつでも，どこでも，誰とでも！

共同作業を進めるうえで，同じ場所に集まって作業をしようとすると，スケジュールが合わせづらいので，工夫が必要である。

 クラウドサービスを使うと，インターネットがつながるデバイスがあれば，いつでも，どこでも，共同編集ができたり，Web会議室などでコミュニケーションがとれたりする。同時作業でなくても，データを共有できるため，個々人のタイミングで作業を進めることもできる。

共有範囲は大丈夫？情報漏えいにご注意を！

データを共有する際に，共有範囲の設定を誤ると，情報流出につながる。

 共有範囲は，情報を共有して問題ないユーザかどうか，慎重に確認してから設定する。非公開を基本として，共同作業をする際には共有を必要最低限のユーザにとどめて，限定公開の設定をすることが望ましい。

クラウドサービス

クラウドサービスは，インターネット上にあるサーバに情報を保存したり処理させたりすることができるサービスである。クラウドサービスの例には次のようなものがある。

◆オンラインストレージ

データをサーバ上にアップロードすることで，データにアクセスしたり，共有したりすることができるサービスである。Google Drive，OneDrive，Dropboxなどのサービスがある。

◆音楽・動画ストリーミングサービス

サーバに保存された動画や音楽を楽しめる。音楽ではApple Music，Spotifyなど，動画ではYouTube，Netflix，Hulu，U-NEXTなどのサービスがある。

共有範囲の設定

クラウドサービスで，ファイルなどを共有する際には，共有範囲の設定に十分注意しなければならない。共有範囲はおもに三つに分けられる。

・自分のみ（非公開）
・指定したユーザやグループと共有（限定公開）
・リンクを知っている人全員（公開）

またそれぞれに，閲覧のみ可，編集可，コメントのみ可などの権限を選択することができる。クラウドサービス上で扱う情報は，共有範囲の設定を誤ると，個人情報などの流出や，漏えいにつながる可能性があるため，十分に公開範囲と権限を検討することが重要である。

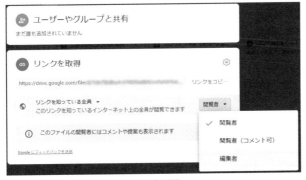

↑クラウドサービスの共有範囲設定画面

関連キーワード

・オンラインストレージ　　・共有範囲　　・クラウドサービス
・グループウェア　　・ストリーミングサービス

✓ **グループウェア**

グループウェアは特定の組織で，情報交換やスケジュール共有，掲示板機能，Web会議機能，ファイル共有などを行うためのシステムソフトウェアである。組織に所属していれば，たとえ離れた場所にいてもグループウェアを使うことで円滑に作業を進めることができる。

➕ **クラウドサービス**

クラウドサービス事業者のセキュリティ対策や利用規約をよく確認しないと，たとえ自分が気を付けていても情報が漏れてしまう。面倒でも確認することが大切である。

◎クラウドサービスを安全に使うために

安全なパスワードやワンタイムパスワードの設定を行ったり，パスワードは使いまわさないなどの対策をしないとクラウド上のすべての情報が丸見えになってしまう。

👤 **サービスの障害や終了のリスク**

クラウドサービスは，突如サービスに障害が出たり，サービス内容が変更，終了したりする可能性がある。大切なデータは，定期的に自分のスマホやパソコンに保存し，万が一に備えることが大切である。

26 アプリケーションの利用

CASE A　そのアプリ，本当に大丈夫？

スマートフォンなどのアプリ（アプリケーション）には，さまざまな種類があるが，すべてが安全なアプリのみとは限らない。

対策・活用　安全なアプリを入手するためには，公式ストアで入手して，評価が良いものを選ぶとよい。アプリが収集する情報を確認したり，アプリに許可する権限を制限したりすると，不用意に個人情報などを提供せずに済む。自分が利用しているアプリは一度確認すると良い。

CASE B　これってスパイウェア!?

Webサイトにアクセスすると，「ウイルスに感染しました」などのメッセージを表示して，ウイルス対策アプリのインストールを促されることがある。

対策・活用　不審なアプリのインストールを求めてきたら，無視する。公式ストアであっても，アプリの提供元やアプリ名をインターネットで検索して，安全性（提供元と求められる情報など）を確認してからアプリを導入するように心がける。

安全なアプリケーションの入手

　インターネットには，危険なアプリ（アプリケーション）もたくさん存在している。

　スマートフォンの場合，Androidでは［Google Play］，iOSでは［App Store］という公式ストアが存在している。これらの公式ストアに存在するアプリは，事前にコンピュータや人による審査が行われたものであるため，安全である可能性が高い。しかし，審査の目をかいくぐって公式ストアに登録されていることもあるので，ダウンロードする前に，アプリの提供元，アプリに提供するデータや許可する権限などについて，利用規約をよく読んで確認し，不審な内容がないか確認することが大切である。

審査対象のアプリ　　審査を通ったアプリ　　ユーザ

アプリに許可する権限の管理

　安全なアプリ（アプリケーション）と判断した場合でも，むやみに権限の許可をするのではなく，本当に許可する必要があるかどうか，自分で判断し，設定する必要がある。

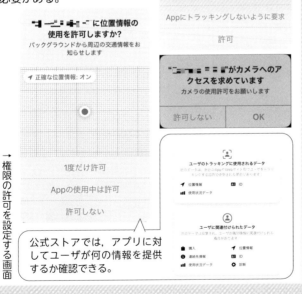

→権限の許可を設定する画面

公式ストアでは，アプリに対してユーザが何の情報を提供するか確認できる。

関連キーワード

・アップデート　　　・アプリ（アプリケーション）
・ウイルス対策ソフトウェア（→ 27 ）　　・公式ストア
・スパイウェア

✓ **スパイウェアとは?**

　スパイウェアは，コンピュータに侵入して，コンピュータ内部の情報を収集し，外部へ情報を漏えいさせるプログラムである。スパイウェアはユーザに気付かれないように情報を流出させようとするため，コンピュータを普通に使っているとわからないことが多い。

　スパイウェアの侵入経路は多岐にわたり，アプリやメールのほかにWebサイトを閲覧するだけで侵入する可能性がある。

　スパイウェアの侵入を防ぐためには，安易にアプリをダウンロードしたり，添付ファイルを開いたりしないことや，OSとウイルス対策ソフトウェアを常に最新の状態にしておくことが，大切である。

🧰 **アプリを安全に使うために**

　新しい機能の追加や不具合の解消，セキュリティの脆弱性に対する修正プログラムを実行するためにアップデートが行われることがある。アップデートをせずにそのまま使い続けると，セキュリティの脆弱性を抱えたままになるため，サイバー攻撃の標的になる可能性が高まる。自分一人の情報が盗まれてもたいしたことがないと考えてしまうかもしれないが，そこから家族の情報が盗まれるなど被害が広がってしまうことがある。安全に使うためにはアップデートが必要である。

27 コンピュータウイルス

CASE A　ウイルス対策ソフトウェアでコンピュータを守れ！

おじいちゃんパソコンで将棋のゲームやることにしたんだって？

おーA車来たのか！

もう始めたぞ！

ところでそのPCウイルス対策ソフトは入れてあるの？

ん？ウイルス…ソフト…？

悪質なウイルスからコンピュータを守るためのソフトだよ

壊すぞ　CRASH　盗むぞ　データ

それはぜったい必要なのか？

ウイルス対策しないのは全然戸締まりしない家に住むようなものなんだよ

これインストールしてね！

ウイルス対策ソフト

なるほど！いきなり王手をかけられるところだったな

ウイルス（コンピュータウイルス）からコンピュータを守るためにも，必ずウイルス対策ソフトを入れるようにしよう。

対策活用 信頼性の高い，企業などが提供しているウイルス対策ソフトを導入するとよい。WindowsやmacOSなどのOSに付属するウイルス対策ソフトもある。市販のウイルス対策ソフトは，機能やサポートが手厚い場合がある。

CASE B　ウイルススキャン，面倒だからまた今度!?

ウイルススキャンは100日行われていません　今すぐ実行しますか？

パッ

ウイルススキャンは100日行われていません 今すぐ実行しますか？

ん？そうだったっけ

ウイルススキャンは時間がかかるからな～

オンラインゲームで集まる時間だし

あとで　click

ドカーン！

よしいいぞ♪

また今度にしよ！

ゲーム終了後

そういえばウイルス対策ソフトの更新してなかったな…OSもアップデートしてないし…

寝てる間に更新とウイルススキャンしとこ

翌朝

うわっこんなに検出されてる!!

合計23件のウイルスを検出

ズラ～ッ

ほかの人にウイルスうつしちゃってないかな…

ウイルススキャンやアップデートは，後回しにすると最新のマルウェアに対応できない場合がある。

対策活用 常にウイルス対策ソフトやOSを最新のバージョンに保つようにする。ウイルススキャンは定期的に行うことで，日々増加するウイルスの種類に対応できるようになる。コンピュータを使わない夜間に自動的にアップデートやスキャンをしてくれるソフトもある。

社会の目　マルウェアとコンピュータウイルス

　コンピュータウイルスは，マルウェアと呼ばれる，不正に機器を動作させ悪意のある行動をさせるプログラムの一種である。コンピュータウイルスはファイルに寄生して自己増殖する自己伝染機能，一定の時間や条件が満たされると発病する潜伏機能，データなどを破壊する発病機能などの機能を一つ以上もつ。

　マルウェアに感染すると，さまざまな被害が発生する。コンピュータのシステムやデータが破壊されたり，情報漏えいの被害を受けたりするだけでなく，知らないうちにマルウェアが添付されたメールを大量に送信していて，マルウェアを拡散する加害者になってしまう可能性がある。

科学の目　ウイルス対策ソフトウェアのしくみ

　エンジニアやシステムが発見したウイルスのデータを解析して，その一部分であるデータを切り抜いたものをシグネチャコードという。ウイルス定義ファイルにはウイルスを検出するために，さまざまなウイルスのシグネチャコードが保存されている。ウイルス定義ソフトウェアは，コンピュータ内に保存されていたり通信されていたりしているデータと，ウイルス定義ファイルのシグネチャコードとを比較照合することでウイルスを検出する。

関連キーワード

- ・OS　　・ウイルススキャン　　・ウイルス対策ソフトウェア
- ・ウイルス定義ファイル　　・コンピュータウイルス
- ・フィッシング詐欺(→15)　　・マルウェア

マルウェアに感染した!?と思ったら

◎ネットワークから切断する

　マルウェアの中には，ネットワークを使い，ほかのコンピュータに感染を広げたり，攻撃しようとしたりするものが存在する。そのため，マルウェアに感染した場合は，LANケーブルを抜く，無線LANをOFFにするなどして被害の拡大を食い止めることが大切である。

◎ウイルス対策ソフトウェアによるスキャンと隔離・駆除

　ウイルススキャンをして，マルウェアの特定，マルウェアに感染したファイルの特定と隔離，その駆除を行う。感染後はウイルス対策ソフトウェアのスキャンを回避してしまうマルウェアも存在するため，感染しないように注意すべきである。

簡単にできるマルウェア対策

◎ウイルス定義ファイルの更新

　日々登場する新たなマルウェアから身を守るためには，マルウェアの情報を記録したウイルス定義ファイルを常に最新の状態にしておくことが大切である。

◎不審なファイルやURLは開かない

　たとえ知り合いからのメールでも，添付ファイルにはマルウェアが紛れ込んでいる可能性がある。届いた添付ファイルはウイルススキャンをしてから開けるようにすると安心である。また，不審なメールに記載されているURLにアクセスすると，フィッシング詐欺であったりするので注意が必要である。

◎定期的なウイルススキャン

　ウイルス対策ソフトウェアは，コンピュータ内部をスキャンしてマルウェアがいないか調査してくれる。またマルウェアが見つかり次第，感染したファイルを隔離して駆除してくれる。定期的にウイルススキャンをしよう。また，ネットワーク経由だけでなくUSBメモリ等を接続する際にも感染することがある。USBメモリなどを使うときにも，必ずウイルスチェックを行おう。

28 アクセス制御と不正アクセス

CASE A　アクセス制御でデータは安全！

ネットワークにつながれたパソコンなどでは，ユーザが誤ってファイルを勝手に書き換えたり，削除したりしないようにする必要がある。

　対策・活用

アクセス制御をしていれば，権限をもつユーザのみがファイルにアクセス，編集，削除などができる。
また，閲覧のみを許可するなど，詳細の設定をすることもできる。

CASE B　不正アクセスがおきないように！

スマートフォンなどの情報機器を外出先で放置すると，情報機器の盗難や内部の情報が漏えいする危険性がある。

　対策・活用

情報機器には，個人情報や重要な情報が含まれていることが多い。離席時に肌身離さず持ち歩くなど，取り扱いに注意すべきである。持ち歩きができない機器の場合は，サインアウトしたり電源をシャットダウンしてから席を離れるようにしよう。

不正アクセス禁止法

正式名称は「不正アクセス行為の禁止などに関する法律」である。アクセスを許可されていない人が無断で他人のアカウントを使用する「なりすまし行為」や，コンピュータなどの脆弱性と呼ばれる設計上の不具合やミスを突いて侵入する「侵入行為」は不正アクセス行為となる。

この法律では，禁止事項が成立した場合，以下の罪によって罰せられる。

禁止事項	罪名
不正なアクセス	不正アクセス罪
不正なパスワードの取得	不正取得罪
他人への第三者のIDやパスワードの提供	不正助長罪
不正取得されたIDやパスワードなどを保管する行為	不正保管罪
ユーザをだましてIDやパスワードを入力させる行為（フィッシング行為）	不正入力要求罪

科学の目 **アクセス制御**

大切な情報を複数人のユーザで扱う場合には，閲覧，編集，削除などは，アクセスが認められたユーザのみができるようにする。これをアクセス制御という。これにより，悪意のある人物やケアレスミスによる情報流出，改ざん，データの紛失などをある程度は防ぐことができる。

例えば，学校のファイルサーバでは，下の図のようにアクセス制御されていることが多い。

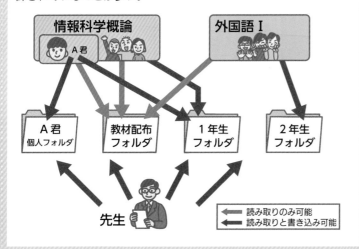

情報セキュリティの3要素

大切な情報を安全に管理するうえでは，情報セキュリティが欠かせない。情報セキュリティには，三つの重要な要素がある。

◎機密性　confidentiality
　アクセスが認められた人のみが情報を利用できること。
◎完全性　integrity
　情報が誰かに改ざんされることなく正しい状態であること。
◎可用性　availability
　必要な人が必要なときに使用できること。

これらの頭文字をとってCIAと呼ばれることもある。

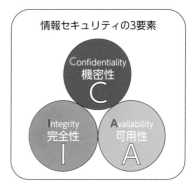

情報セキュリティの3要素

情報機器を紛失した際の対処法

スマートフォンやタブレットを紛失した場合は，GPSを使用して機器の位置を把握したり，音を鳴らしたりする機能がある。

情報端末が見つからないときは個人情報などの重要な情報が保存されている場合が多いので，悪意のある第三者による使用を防ぐために，遠隔で端末の情報を消去することができる機能も存在する。

このような機能があるが，過信せずに情報機器の取り扱いには十分に配慮していこう。

関連キーワード

・アクセス制御　・可用性　・完全性　・機密性
・情報セキュリティの3要素　・不正アクセス
・不正アクセス禁止法

フィルタリング

CASE A 怪しいメッセージはフィルタリングで拒否！

SNSは不特定多数のユーザがいるため，不愉快なメッセージを送りつけられる場合がある。

対策・活用 不適切な表現などを自動的にフィルタリングする機能がついている場合は使用して防ぐことができる。不愉快なメッセージを受け取らないために，メッセージは承認したユーザのみから受信する設定にすることも効果的である。

CASE B 迷惑メールの誤判定!?

迷惑メールではない重要なメールが，迷惑メールフォルダに入ってしまう可能性がある。

対策・活用 フィルタリングされたくないメールが迷惑メールに振り分けられた場合は，「迷惑メールではない」などと設定することで，フィルタリングの精度が上がる。

社会の目 フィルタリング機能

フィルタリング対象となる項目には，成人向けコンテンツ，犯罪・暴力に関する内容，不正IT技術に関する内容などがある。その他にも，SNSのメッセージや電子メールで，不適切なキーワードやURL，画像などを認識して，フィルタリングしてくれる機能もある。

フィルタリングの設定によっては，メッセージを誤判定でフィルタリングされてしまうことがある。

その場合は，フィルタリングのレベルを調整したり，フィルタリングされないように，宛先やキーワードを登録したりすることができる。

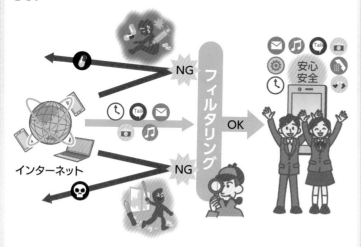

科学の目 フィルタリングの方式

フィルタリングの方式にはいくつかの種類が存在する。SNSアプリや，メールのフィルタリング機能の種類や設定ではこれらの方式でフィルタリングしている。

方式	説明
ホワイトリスト方式	登録された宛先（アカウント，メールアドレスなど），Webサイトなどの安全な対象以外を制限できる方法。
ブラックリスト方式	登録された宛先（アカウント，メールアドレスなど），Webサイトなど危険な対象を制限できる方式。
キーワード/フレーズ方式	登録された有害なキーワードやフレーズが含まれるメッセージやWebページの閲覧を制限できる方式。

関連キーワード

- キーワード/フレーズ方式
- フィルタリングの方式
- ホワイトリスト方式
- 迷惑メッセージ（→13）
- フィルタリング
- ブラックリスト方式
- 迷惑メール

➕ メールのフィルタリング設定

メールの受信にもフィルタリングがある。設定には次のようないくつかの方法がある。

- 特定のメールアドレスのみ受信または，拒否する
- 指定したドメイン名（メールアドレスの「@」以降の部分）のメールのみ受信，または拒否する
- 特定の危険なURLが含まれたメールを拒否する
- 自動判定によって迷惑メールを拒否する

迷惑メールを受信せず，必要なメールのみ受信できるよう，フィルタリングの設定を調整しよう。

フィルタリングなし

フィルタリングあり

☑ SNSの投稿における フィルタリング

SNSでは，多くの有料コンテンツに紛れて不快なコンテンツも投稿されている。これらを閲覧せずに済むように，主要なSNSではフィルタリング機能が用意されている。

Twitterでは，「センシティブな内容が含まれている可能性のあるツイートです。」と表示され，自分で解除しないとコンテンツを表示できないようになっている。センシティブ（sensitive）は，「扱いに細心の注意を要する」という意味がある。Instagramでは，「不適切なコンテンツ」として，表示される。

30 無線LANと暗号化

CASE A 安全性の低いセキュリティ !?

街中には，さまざまな公衆無線LANの電波が飛んでいる。公衆無線LANの中にはセキュリティが弱いもの，セキュリティがかかっていないものもある。

対策・活用 必ずパスワードがある通信を使用する。また，通信方法も強力な暗号方式で暗号化されているものを使用する。契約している携帯通信業やプランによっては，キャリアがもつWi-Fiスポットに接続できるサービスもある。

CASE B このウェブサイト，通信は安全？

Webサイトでは，暗号化されていない通信が存在する。URLがhttp://で始まる場合，暗号化されていない。

対策・活用 個人情報を入力するときなどは，必ずhttps://で始まるURLのWebサイトを使用する。URLがhttps://で始まるWebサイトであっても，URLが正しくないと偽の相手と暗号化通信を行うことになり，入力した情報はすべて盗まれることになる。ブラウザによっては，暗号化された通信の印として，アドレスバー付近に鍵のマークが表示されることもあるが，過信しないように心がける。

社会の目　SSIDと暗号化キー

　簡単設定などの機能を使わずに，無線LANに接続するには，SSID
と暗号化キーの設定が必要である。SSIDはネットワークの名前であ
り，暗号化キーは無線LANルータの暗号を解読するための鍵となる。
SSIDとパスワードは，無線LANルータ本体の設定画面から確認す
るか，無線LANルータの裏側に記載されたシールで確認を行う。セ
キュリティ上，暗号化キーは，一度変更することが望ましい。

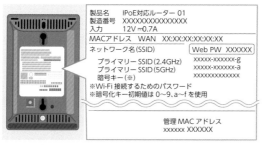

　無線LANに接続する際は，端末の設定画面で，使用したいネット
ワークのSSIDを選択し，暗号化キーを入力する。

科学の目　インターネットで使われる二つの暗号化の方式

　暗号化されていない状態のデータのことを「平文」と呼び，第三
者が平文を読み取れない状態にすることを「暗号化」という。また，
暗号化されたデータを元の平文に戻すことを「復号」という。
　インターネットで使われる暗号化の方式は，一般的に共通鍵暗号
方式と公開鍵暗号方式が使われている。それぞれどのような暗号化
の方式なのか，特徴を整理しておこう。

共通鍵暗号方式	送信者と受信者が同じ鍵である共通鍵を使い，暗号化と復号を行う暗号方式。処理速度は公開鍵暗号方式より速いが，共通鍵を安全な方法で共有しなければならない。
公開鍵暗号方式	受信者がインターネット上に公開鍵を公開して，送信者はその公開鍵を使用して暗号化する方式。受信者は，秘密鍵を使用して平文に復号する。共通鍵暗号方式と比べ処理速度が遅いが，秘密鍵を共有する必要はない。

関連キーワード

- ・HTTPS（→[19]）　　・SSID　　・SSL/TSL　　・Wi-Fi
- ・暗号化　　・ウイルス対策ソフトウェア（→[27]）
- ・共通鍵暗号方式　　・公開鍵暗号方式　　・公衆無線LAN
- ・コンピュータウイルス（→[27]）　　・平文　　・復号
- ・マルウェア（→[27]）

✓ SSL/TLSのしくみ

　インターネット上で，データを迅
速に暗号化し，安全にデータをやり
取りするために一般的に使われるも
のとして，SSL/TLS（Secure Socket
Layer/Transport Layer Security）
がある。これは，共通鍵暗号方式と
公開鍵暗号方式を組み合わせた暗号
方式である。それぞれの方式の特徴
を組み合わせて，安全で，高速な処
理が可能となっている。

👤 暗号化と公衆無線LANの盗聴

　公衆無線LANでは，暗号化が行
われていなかったり，暗号化のレベ
ルが低かったりするものがある。し
っかりと暗号化が行われていない
と，通信途中で通信内容を盗み見ら
れる可能性があり，さまざまな犯罪
につながる可能性がある。暗号化が
行われていない，または，暗号化の
強度が低い公衆無線LANは使わな
いようにしよう。

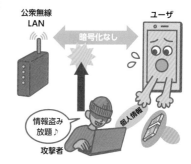

➕ 無線LANのセキュリティ

　無線LANはいくつかのセキュリ
ティの強度が存在している。暗号化
の強度が高いWPA3，WPA2を設
定するとよい。

【解説・補足】〜情報のセキュリティと倫理〜

1 ネット社会のモラルとマナー

01 公共の場所でのマナー

１ 公衆無線LAN

　飲食店や交通機関などで，多くの人が無線LANを利用できるように提供されているものを**公衆無線LAN**といいます。とくに無料で利用できるようにしたものは**フリーWi-Fi**と呼ばれています。フリー Wi-Fiは，時間や回数の制限があるものがあるので，利用する場合はよく確認するようにしましょう。

　また，フリー Wi-Fiには，通信内容が暗号化されていないものもあり，通信内容が傍受される危険性があります。なかには，正規のフリー Wi-Fiを装い，ネットワーク名を同名にしているものもあり，なりすましのアクセスポイントには注意が必要です。

２ 電源スポット

　最近では，飲食店などで座席に電源コンセントが設置され，店舗の利用者が自由に使用してもよいとしている店舗が増えてきました。そのような店舗には，電源を使用してもよい旨の表示があるかどうかを必ず確認してから利用するようにしましょう。もし電源を使用してもよい旨の表示がない場合などは，必ず店員に声をかけるなど，使用してもよいかどうかの確認をするようにしましょう。使用してはいけない場所で勝手に電源を使用してしまうことは，電気窃盗行為になってしまうおそれがあります。

　電源や公衆無線LANが提供されている店舗であっても，長時間の利用は，席が埋まってしまい，ほかの利用者が使えなくなってしまうおそれがあります。結果として，お店の回転率が下がってしまうなどの迷惑につながってしまうかもしれません。

　このような場所では，パソコンをもち込んで作業をしている人もよく見られます。しかし，落ち着いた雰囲気のカフェなどでパソコンのキーボードの打鍵音やマウスのクリック音などが鳴りひびくと，店内の雰囲気を壊しかねません。自分が集中していると，自分が出している音に気が付かないことがあります。パソコンなどを使用する場合，周囲への音の配慮も必要です。

３ Peer to Peer による共有

　スマートフォンなどでは，Wi-FiやBluetooth，近距離無線通信（NFC）などの技術を組み合わせることで，近くにある端末間で画像ファイルなどを直接送受信できる機能があります。このようなPeer to Peerによる共有は，インターネットを介する必要がなく，たいへん手軽で便利です。

　しかし，この機能を悪用し，見知らぬ相手に画像を送り付けるなどの悪質な行為も見られます。送受信する相手の設定には十分に気を配っておく必要があります。

02 ネットでの人権侵害

❶ デジタルタトゥー

「人のうわさも七十五日」という言葉があるように，うわさ話は自然と消えていくものですが，インターネット上に一度投稿された記録(ログ)は残り続け，検索をすれば情報を引き出すことができます。とくに不都合な情報が半永久的に残り続けることを，消えることのない入れ墨(タトゥー)になぞらえて，**デジタルタトゥー**といいます。

SNSに投稿した情報を本人が削除しても，**まとめサイト**などに残り続ける場合もあることに注意が必要です。

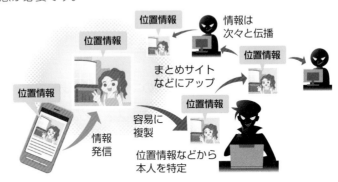

❷ リベンジポルノ

撮影対象者の同意なしに性的な画像や動画などをインターネット上に掲載することを**リベンジポルノ**といいます。リベンジポルノ防止法により，撮影対象者を特定できる方法で画像や動画を不特定または多数の者に提供・公表したり，公表させる目的で画像や動画を提供したりした場合，犯罪として扱われます。

万が一，インターネット上に公表されてしまった画像や動画は，プロバイダなどを通じて削除要請することができます。画像を所有していることで脅迫されたり，インターネット上に掲載されたりした場合は，できるだけ早く警察などに相談をするようにしてください。

03 忘れられる権利

インターネット上に掲載された情報は，半永久的に残り続ける性質があります。近年，過去の自身に関する情報が，検索エンジンから検索されないようにする**忘れられる権利**が提唱されています。現在，インターネット上の情報へのアクセスは，検索エンジンからの検索がほとんどであるため，検索エンジンで検索結果から削除されれば，その情報は存在しないも同然として扱われるからです。

忘れられる権利は，まだ正式に認められた権利ではありません。表現の自由や知る権利などとの関連で，どこまでこの権利が認められるべきかはまだ議論が続いているところです。

2 ネット社会での生活

01 課金システム

　ゲームなどのアプリの中には，有料のものと無料のものがあります。無料のものでも，追加で料金を支払うことで，さまざまな特典などを受けられるものがあります。

サブスクリプション	月額で支払いをすることで，サービス自体を利用できるようになったり，追加機能や特典を利用できたりするようになる。
アプリ内課金	アプリ内で追加の課金をすることによって，機能やアイテムを追加することができる。

　課金の支払い方法には，次の二つの方法があります。

プリペイドカードの購入	コンビニエンスストアなどで，アプリなどのストアのプリペイドカードを購入し，ストアに入れておいた残金から購入する。
クレジットカードの利用	事前に作成し，登録をしておいたクレジットカードで購入する。

02 ソーシャルゲーム

　ソーシャルゲームの多くは，ガチャと呼ばれるランダム型アイテム提供方式で追加コンテンツ（アイテム）を得られるシステムを採用しています。

　ガチャでは，数％という低い確率でレアなアイテムが出てくることがあります。現実のカプセルトイとは違い，確率によってアイテムが出てくるため，レアアイテムを入手するためにはガチャを引く回数を増やすことが求められます。

　課金がガチャを引く回数を増やすものであることをよく理解しておきましょう。

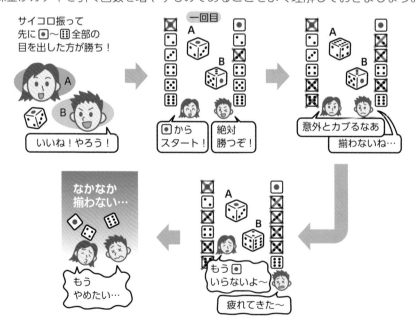

03 電子商取引と仮想通貨

インターネット上で商品やサービスの売買，資金の移動などを行うことを**電子商取引**（または**e コマース**）といいます。電子商取引は，次のように分類できます。

形態	取引対象	事例・説明など
BtoB（B2B）	企業対企業	企業間での取引
BtoC（B2C）	企業対消費者	ネットショッピング
CtoC（C2C）	消費者対消費者	ネットオークション，ネットフリーマーケット

近年，**仮想通貨**も使われるようになってきました。電子マネーのように，日本円などの実際の通貨をチャージして使うものとは違い，仮想通貨に両替して利用します。

04 フィッシング詐欺

フィッシング詐欺には，メールの見た目には本物のURLが貼られていますが，クリックすると偽のURLに飛ぶ仕組みになっているものがあることに注意が必要です。また，WebページのURLそのものを偽装する場合がある点にも十分な注意が必要です。

偽物のURLに書き換わっている

タップすると，URLがhttp://nisemonoginko.comに書き換わるしくみが組み込まれている

フィッシング詐欺への対策としては，次のようなことが考えられます。
・企業がメールから重要な個人情報の入力を促すことはないことを心にとどめておく
・URLが本物であることを確かめる
・電子証明書を確かめる

05 スミッシング

スミッシングとは，スマートフォンのSMS（ショートメッセージサービス）を悪用してフィッシングサイトなどに誘導するフィッシング詐欺の一種です。宅配業者を装い，「不在のため持ち帰りました」など，受け手が信じてしまいそうな心理をはたらかせることで，メッセージ内のURLをタップさせるのがねらいです。

SMSは，「電話番号で送信できること」，「すべてのデバイスに標準搭載されていること」，「世界中で幅広く使われていること」などが，容易に悪用される理由です。SMSは電話番号だけで送信できるサービスなので，ランダムの数字を電話番号として設定し，手当たり次第にスミッシングを試みることができることも，スミッシングが増加している理由の一つです。

3 個人情報と知的財産

01 匿名加工情報

　Webサービスなどを利用することで収集された個人情報は，大量に集まることでマーケティングに利用されるなど，さまざまな価値を生み出します。このような個人情報は，特定の個人を識別できないように加工した**匿名加工情報**にすれば，一定のルールのもとで，本人の同意を得ることなく事業者間でのデータの取引や連携ができます。

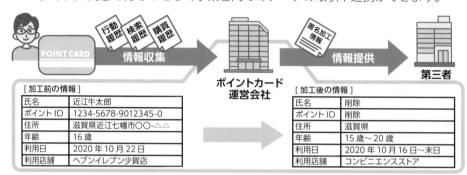

[加工前の情報]	
氏名	近江牛太郎
ポイント ID	1234-5678-9012345-0
住所	滋賀県近江七幡市〇〇-△△
年齢	16 歳
利用日	2020 年 10 月 22 日
利用店舗	ヘブンイレブン少賀店

[加工後の情報]	
氏名	削除
ポイント ID	削除
住所	滋賀県
年齢	15 歳〜20 歳
利用日	2020 年 10 月 16 日〜末日
利用店舗	コンビニエンスストア

02 アダプティブラーニング

　一人ひとりの学習の到達度に合わせて最適な学習内容を提供することで，より効率的かつ効果的な学習を実現する方法を**アダプティブラーニング**といいます。学習者個々の学習の進捗状況を蓄積し，それを分析することで学習内容を最適化しています。

03 著作物の利用

❶ 著作権の行使による利益を得る仕組み

　例えば，小説を書いた著作者は，出版社に対して著作権の中の複製権，譲渡権を譲渡します。出版社は，著作者から譲渡された複製権に基づいて本を出版します。印刷（複製）された本を，消費者に譲渡権を行使して販売します。出版社は，契約に基づき，売上の一部を著作者に支払います。このように，権利を行使することで利益が得られます。

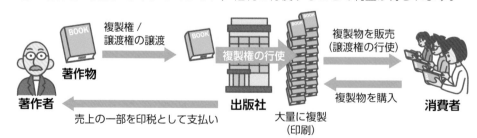

❷ 著作権の利用許諾をとる方法

著作物の使用と利用は，下のような違いがあります。

使用	著作物を見る・聞くなどのような，単なる著作物などの享受
利用	複製権や公衆送信権など，著作権の支分権に基づく行為

著作物は，支分権（複製権や譲渡権など）を行使することにより，財産的な利益を得ることができます。著作権者ではない者が，その支分権の一部を行使したい場合，著作権者に利用許諾を得る必要があります。例えば，劇作家が制作した演劇脚本の内容を劇団で上演したい場合，上演権の許諾が必要となります。この場合，劇作家や出版社などの著作権者に直接連絡をとり，許諾を求める必要があります。

音楽の著作物は，音楽著作権管理団体が著作権を管理しています。分野によって著作権を管理している団体がある場合は，著作権の管理団体に許諾を求めるとよいでしょう。

❸ 私的録音録画補償金制度

音楽や動画などの著作物は，私的利用の範囲内のコピーであっても，著作権者への補償金の支払いが義務付けられています。ユーザの私的録音や録画のたびに，権利者に対して補償金が支払われるべきですが，あまりにも煩雑になるため，メーカーなどが補償金を一括して集め，権利者に分配する制度が**私的録音録画補償金制度**です。

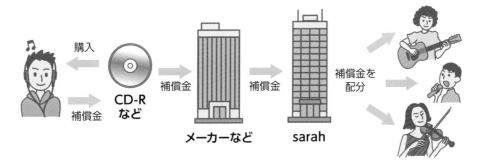

❹ 音楽著作権の包括契約

大手の動画共有サイトでは，音楽著作権管理団体と**包括契約**をしている場合があります。他人の楽曲を自分で演奏した動画をアップロードする場合は，包括契約によって認められる場合があります。ただし，包括契約がある場合でも，ダウンロードした音源などは著作隣接権者の許諾が必要となるため，動画のBGMに含めることはできません。

❺ ゲーム実況動画の著作権

近年，ゲームのプレイ動画を動画共有サイトなどで共有することが増えています。ゲームのプレイ動画に関しても，音楽とは違い，動画共有サイトの包括契約は存在しません。現在のところ，ゲーム会社やゲームタイトルごとにガイドラインが策定されており，ゲーム会社によっては，ユーザ登録をすればゲーム実況動画をアップロードする許諾が得られる場合があったり，すべてのゲームに許諾を与えられていたりする場合もあります。また，一部の場面についてのみ公開を禁止されている場合があります。ゲームのプレイ動画を共有する際は，ゲーム会社およびゲームタイトルのガイドラインを確認する必要があります。

4 情報サービスとセキュリティ

01 個人認証

❶ 多要素認証

複数の認証方式を組み合わせて，よりセキュリティの高い認証方式を実現する方法を**多要素認証**といいます。よく使われているものに，**二要素認証**があります。これは，本人しかもちえない携帯端末にコードを送信し，パスワードとともにコードを入力することで個人を認証する方法です。

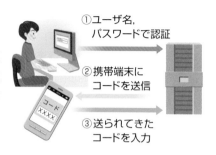

① ユーザ名，
  パスワードで認証

② 携帯端末に
  コードを送信

③ 送られてきた
  コードを入力

❷ パスワード攻撃への対策

さまざまなパスワードへの攻撃手法から身を守る方法には，安全なパスワードを作成する必要があります。しかし，辞書攻撃や逆総当たり攻撃などから防ぐことができる複雑なパスワードを設定したとしても，同じパスワードを使いまわしていると，リスト型攻撃の被害に遭う可能性があります。そのような被害から身を守るためには，次のようにサービスごとにパスワードを使い分ける工夫が必要です。

①	もとのパスワード：abcd1234
②	パスワードを二つの部分に分ける：abcd＋1234
③	サービス名から連想される文字列を挿入(Google→GGL)：abcd＋GGL＋1234→abcdGGL1234

※ここに書かれているパスワードは使わないこと

02 クラウドサービス

❶ 個人での情報共有

クラウドサービスの有効な活用法の一つに，スケジュール管理などがあります。クラウドサービスのカレンダーにスケジュールを入力しておくと，自分が使うさまざまな端末に自動的に同期されます。

例えば，入力はパソコンで行い，閲覧はスマートフォンで行うなど，時と場合に応じて端末を使い分ければ，作業もたいへん効率化されます。

●仕事中　　●通勤通学途中

●外出中　　●自宅で

❷ 情報共有

クラウドサービスにある情報は，情報ごとにほかの人と共有できます。指定したユーザに対し，閲覧を許可したり，編集も可能にしたりできるといった設定をすることができます。ドキュメントや表計算ソフトウェアなどでは，共有しているユーザどうしが同時に編集することもできます。

共有する際，ユーザを指定して共有する方法と，URLで共有する方法があります。

URLで共有する場合，URLを知っていれば誰でも閲覧や編集ができるようになります。URLが流出してしまうと，情報漏えいや改ざんなどの問題が生じてしまいます。URLで共有する場合は，共有するURLの管理には十分に気を付ける必要があります。

❸ バックアップ

スマートフォンなどのバックアップにクラウドサービスを使う方法があります。例えば，写真などをすべてクラウドサービスにアップロードしておくことで，普段使わない写真はサムネイル（縮小された見本）のみを端末に保持し，写真データは端末から削除できるので，端末の空き容量を確保することもできます。

同様に，あまり使用頻度の高くないアプリもクラウドに保持しておくことで，端末の空き容量を確保することができます。この場合，アプリの使用権はすでに購入しているため，アプリ自体のデータはクラウド上の自分の領域には保存されないので，クラウドサービス上のストレージ容量も節約することができます。

03 コンピュータウイルス

❶ マルウェアの種類

マルウェアには，次のようなさまざまな種類があります。

コンピュータウイルス	ワープロソフトやメールソフトなど，ほかのソフトウェアにもぐりこんで寄生し，ファイルの破壊などを行う。
ワーム	ソフトウェアに寄生せず，完全に自立して存在し，自己増殖する。
トロイの木馬	実用性や娯楽的要素を含んだ有用なプログラムに見せかけて侵入する。
スパイウェア	コンピュータ内に保存された個人情報やコンピュータの使用履歴，ブラウザの閲覧履歴などを無断で第三者に送信する。
アドウェア	ユーザが意図しない広告を強制的に表示する。
キーロガー	キーボードの入力情報を記録するもので，デバッグなどに利用するツールだったが，パスワードを盗むことに悪用されることがある。
ランサムウェア	感染したパソコンをロックしたり，ファイルを暗号化したりすることによって使用不能にしたあと，もとに戻すことと引き換えに身代金を要求する。

❷ ボットネット

パソコンやスマートフォンが**ボット**と呼ばれるマルウェアに感染すると，端末が第三者の指示通りに動く操り人形のようになってしまいます。ボットに感染した端末が，ほかのボットに感染した端末とともにネットワークが組まれることで，不正アクセスの踏み台になったり，DDoS攻撃に利用されたりするといったさまざまな犯罪に悪用されることになります。

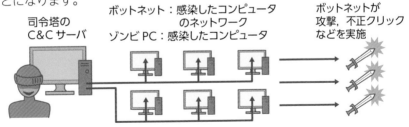

ボットネット：感染したコンピュータのネットワーク
ゾンビPC：感染したコンピュータ
司令塔のC&Cサーバ
ボットネットが攻撃，不正クリックなどを実施

❸ アクセス制御

ネットワーク上のデータに対し，どのデータをどの利用者にどのような利用を許可するかを制御する考え方を**アクセス制御**といいます。

04 フィルタリング

フィルタリングには，ホワイトリスト方式，ブラックリスト方式，キーワード／フレーズ方式があり，それぞれ次のような仕組みで動作します。

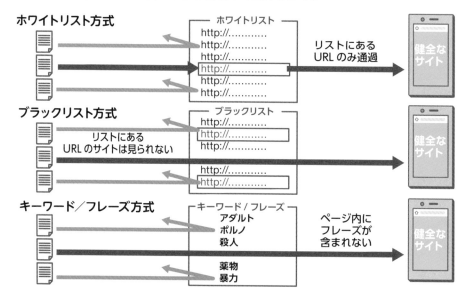

インターネット上の各Webサイトに対してあらかじめ一定の規準で格付け（**レイティング**）を行い，基準をクリアしたサイトの閲覧が可能になるようにしたフィルタリングの方式を**レイティング方式**といいます。

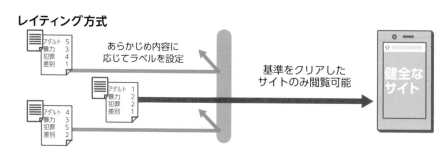

◼1 共通鍵暗号方式と公開鍵暗号方式

暗号化と復号に共通の鍵を使う暗号化方式を**共通鍵暗号方式**，受信者があらかじめ公開しておいた公開鍵を使って暗号化してもらった暗号文を受信者自身がもつ秘密鍵で復号する暗号方式を**公開鍵暗号方式**といいます。

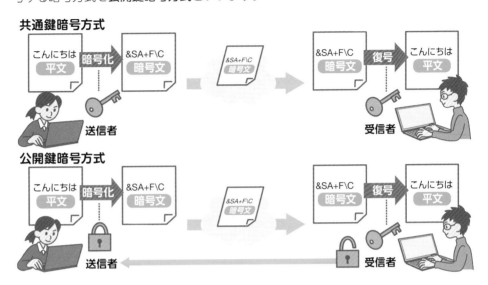

◼2 SSIDとステルス化

無線LANを使用する場合，無線LANにネットワークID（SSID）を設定します。無線LANに接続できる機器で無線LANに接続する場合，電波の届く範囲にある無線LANのSSIDが一覧で表示されます。外部の人に無断で無線LANを利用されないようにするために，SSIDを見えないようにすることができます（**ステルス化**）。

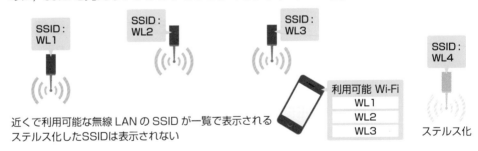

近くで利用可能な無線 LAN の SSID が一覧で表示される
ステルス化したSSIDは表示されない

◼3 無線LANの名称とロゴ

2018年10月，無線LAN業界団体のWi-Fiアライアンスは，無線LANの規格名をわかりやすい名称に変更しました。右の図のように，数字でわかりやすくしました。

Wi-Fi 6はWi-Fi 5に比べると，通信速度がおよそ10倍速くなるといわれています。また，今までWi-Fiの規格ごとに周波数帯が2.4GHzと5GHzに分かれていたのが，Wi-Fi 6では両方の周波数帯を処理できるようになりました。

規格名	新しい名称	ロゴ
802.11n	Wi-Fi 4	4
802.11ac	Wi-Fi 5	5
802.11ax	Wi-Fi 6	6

1 情報技術とセキュリティ

01 クラウドサービスと安全性

　クラウドサービスは，インターネット上にあるサーバに，データを保存したり処理させたりすることができるサービスです。サービスを提供する会社の商品であるため，提供されるサービスのカスタマイズが難しい点や，インターネットに接続できなければデータを利用できないといった点がデメリットとなります。また，保存できるデータの量を増やすためには追加料金を支払う必要があります。

　一方で，大きなメリットとして，クラウドサービスのセキュリティは，個人で対策を講じるよりも充実している点があげられます。行政機関でも，クラウドサービスでデータを管理しています。データをクラウドに保存することと自分の情報端末に保存することの違いは，たとえばお金を銀行に預ける(クラウドサービス)ことと自分の貯金箱に貯める(情報端末)こととの違いと考えるとわかりやすいかもしれません。

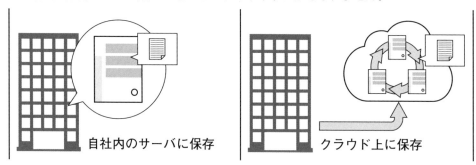

自社内のサーバに保存　　　クラウド上に保存

02 セキュリティを高める方法～圧縮ファイルの活用～

　人とファイルをやり取りするときに，クラウドサービスを用いたり，認証機能付きのファイル転送サービスを使う方法が多く用いられています。このほかに，電子メールにファイルを添付して送るという方法もあります。

　電子メールにファイルをそのまま添付して送ることは，宛先を間違えてしまったり，電子メールが盗聴されてしまったときに，大切なファイルもそのまま見られてしまうことになります。これを防ぐために，電子メールに添付するファイルを圧縮し，その際にパスワードを設定するという方法があります。相手に送るときは，最初に添付ファイル付きの電子メールを送り，次にパスワードを記した電子メールを送るという二段階に分けることで，セキュリティを高めるという方法です。

03 デジタル署名と電子証明書

　デジタル署名とは，送られてきたデータが確かに送信者本人からであること，そのデータが改ざんされていない(なりすましをされていない)ことを検証できるしくみで，公開鍵暗号方式を応用したものになります。インターネット上で使う印鑑やサインのようなものです。

デジタル署名の流れは次のようになります。まずは，データの送信者が自身の秘密鍵でデータを暗号化し，受信者に対して復号のための公開鍵を公開します。この公開鍵で復号できれば，秘密鍵の持ち主が送信者本人であることが証明できます。

　しかし，この方法では公開鍵自体が改ざんされていることが否定できないため，公開鍵を送付しただけでは不十分です。そこで，送信者はあらかじめ認証局と呼ばれる第三者機関に，公開鍵や公開鍵の持ち主の情報などが含まれた電子証明書を発行してもらいます。この電子証明書を公開鍵に添付することで，公開鍵が正しいものであることを証明するしくみになっています。

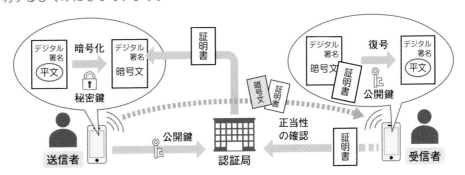

04 サーバ証明書

　TLS通信において，通信先のWebサーバが本物であることを証明するのに，サーバ証明書が用いられます。サーバ証明書は電子証明書と同様のしくみです。

　Webサイトの運営者があらかじめ認証局にサーバ証明書を発行してもらい，Webサイトのデータとともにユーザ側にサーバ証明書を送付します。ユーザの使うブラウザは，サーバ証明書を受け取ると，認証局に証明書の正当性を確認します。サーバ証明書の正当性が確認されると，安全に利用することができるようになります。

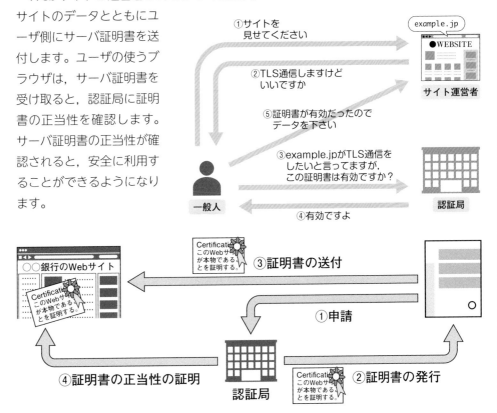

2 SNS上のコミュニケーション

01 投稿の拡散

　SNSには，別の人が投稿した内容を転載することで，より多くの人に広められる機能があります。そのような機能を使うことで，有用な情報を短時間に広く社会に広めることができます。

　しかし，ときに事実とは異なるデマや，人を貶める誹謗中傷などが拡散されてしまうこともあります。不都合な情報が拡散されてしまったことにより，元の投稿者に非難が集中し，炎上してしまうこともあります。

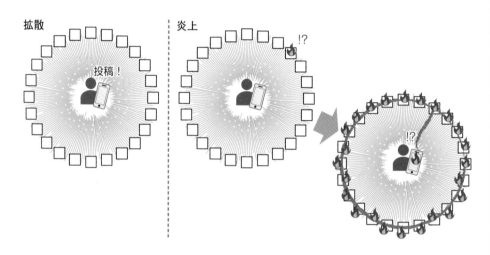

02 SNSの「いいね」

　SNSには，投稿に対して「いいね」といった好評価を付ける機能があります。「いいね」マークがたくさん付くと，その投稿は高評価を得たと判断されます。これは，投稿した内容に多くの人が共感してくれたことを意味しますので，SNSによって多くの人によい影響を与えたともいえます。

　「いいね」機能は，このようなプラスの側面がある一方，マイナスの側面もあります。人間の脳はSNSの「いいね」などの好意的な反応が得られると，強い快楽や幸福感が得られるといわれています。

　人によってはこの快楽を再び得るために，より「いいね」がもらえるような投稿をしはじめます。「いいね」の数を競うようになってくると，行動が徐々にエスカレートしてしまいます。実際に，アルバイト先の飲食店で行った不衛生な行為を動画や写真にしてSNSに掲載したり，犯罪行為をSNS上で自慢したりといったことが行われたことがあります。「いいね」がたくさん付くような投稿を求めて，特別な画像や映像を撮影するために危険な行為をし，怪我をしてしまったり，不幸にも亡くなってしまった事例も起きています。

　人間関係をSNSの中にだけ求めてしまうと，「いいね」をひとつでも増やすことに注目してしまい，現実を見失ってしまいかねません。SNS以外の人間関係も大切にしながら，SNSと適切な距離を保つことが必要でしょう。私たち一人ひとりが「いいね」にこだわらないようなSNSとの付き合い方を考える必要がありそうです。

　SNSで，突然見ず知らずの人からの誹謗中傷が寄せられる事例が実際に起きています。

　無関係の人Ａさんを加害者の関係者と勘違いした人が，勘違いしたままインターネット上で偽の情報を広めてしまった事例もあります。このときは，偽の情報を本当の情報であると思い込んでしまった沢山の人からＡさんあてに中傷メッセージが送られたり，嫌がらせを受けたりといった被害が出ました。多くの人が言っていることであるから本当なのだという思い込みから，自身も誹謗中傷をしてしまうことになり，結果としてＡさんを追い詰める結果となってしまいました。

　勘違いしてしまったのだから仕方がないでは済まないこともあります。実際に，SNS上での誹謗中傷が原因で，自ら命を絶ってしまうという悲劇も起きています。

　自分が投稿しようとしているメッセージを，受け手がどのように受け取るか，送信前に一度冷静になって見直してみることが大切です。また，情報を受け取った際にも，その真偽を確認するなど，冷静に情報を受け取ることも大切です。

　SNSでの投稿は，閲覧数に関係なく，不特定多数の人の目に留まる可能性があります。そのため，SNSで名誉毀損や侮辱に当てはまる投稿をすると，罪に問われる可能性があります。

　名誉毀損とは，事実を公表することにより，人の社会的評価を低下させることをいいます。名誉毀損は，公表したことが事実であってもデマであっても成り立ちます。**侮辱**とは，事実を示さずに相手をバカにしたり，ののしったりすることをいいます。

※2022年10月に，Twitterで特定の人物を誹謗中傷をした投稿に対して「いいね」を押したことが名誉毀損に当たるとの判決が東京地裁で下された。気軽に押せる「いいね」が人を傷つけることがあると認められたともいえる。

04 **より豊かなコミュニケーションを目指して**

　自分をよりよく見せようとしたり，「いいね」を欲しがったりする背景には，自己承認欲求の高まりがあるといわれています。自分に自信をもてなかったり，生活に満足感をもつことができなかったりといったことが，自己承認欲求が高くなる一因といわれています。

　SNSは，普段の生活では会うことができない人とも簡単につながる

ことができるツールです。人と人とのつながりを広げることによって，自らの生活を豊かにしていくことができる点に大きな魅力があります。より豊かな生活を求めていくために，SNSを上手に活用することもひとつの手段としながら，互いにどのような人間関係を築いていくことが必要なのかを考えることが，この社会に生きる私たち一人ひとりに課せられた課題なのではないでしょうか。

3 デジタルトランスフォーメーション

01 デジタルトランスフォーメーションの事例

　デジタル化（デジタライゼーション）という考え方は，ICT技術を活用することで，製品やサービスに付加価値を加えたり，業務を効率化することが主でした。それに対して**デジタルトランスフォーメーション（DX）**は，人びとの生活にICT技術を浸透させるだけでなく，ICTを利用して，日常生活をはじめとした社会活動のあり方を一変させることを指します。

　DXの概念は，2004年にスウェーデンのウメオ大学のエリック・ストルターマン教授により提唱されました。DXという略称の「X」は，TransformationのTransに「交差する」という意味があるため，交差を意味する「X」が割り当てられました。

　DXが進む前の社会では，供給側が用意したものを個人が選択して購入していく経済スタイルであったものが，DXが進んだ社会では，個人の事情に合わせて供給側が個別にサービスを用意したり，互いに必要となるものをシェアしあったりするような経済スタイルへと社会活動のあり方そのものが一変することでしょう。このように必要な情報・技術が必要なときに提供される社会のことを「**超スマート社会**」といいます。

　例えば，1台の自動車を複数の人でシェアするカーシェアリングという事業が2010年ごろに出現したように，これまでになかったしくみが作られていくことはDXといえるでしょう。

　また，写真はフィルムを現像することで作られていました。ICTが発展するとデジタルカメラが登場し，それまでの「もの」としての写真から，デジタルデータとしての写真に大きく移り変わることとなりました。

　写真が自分の情報端末で容易に撮影できるようになり，デジタルデータとして送受信ができるようになると，SNSで世界中の人びとが気軽に写真データをシェアしあう文化が生まれ，生活の中で写真の扱い方が大きく変化しました。

1 災害と防災

日本は外国に比べて自然災害の多い国です。例えば災害が起こったとき，チャットボットと呼ばれる自動会話システムが，被災者に被災状況や健康状態などを聞き取り，被災地域全体の状況を把握します。そこで得た情報を被災地域にいる人に還元することで，被災者が最適な避難を行えるようにフォローするしくみが作られています。

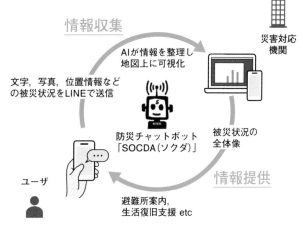

防災の観点でみると，例えば，避難訓練が実際の災害とかけ離れているという問題を，VR(仮想現実)技術を用いて臨場感のある災害状況を追体験することによって危機意識を高めさせるという活用方法もあります。他にも，AIを活用して災害を予測するサービスや，災害時でもつながる通信を確保する技術なども，防災DXの一つとして注目されています。

2 自動運転技術

自動運転が人間による運転ミスを減少させ，自動車による事故が減ることにつながることが期待されます。

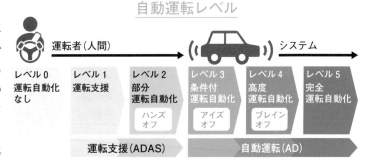

また，第5世代移動通信システム(5G)やAIなどのデジタル技術を組み合わせることで，渋滞を解消する技術なども研究されています。渋滞が解消され，自動運転で目的地まで効率的に移動ができれば，私たちの生活はより快適になります。例えば，自動車を複数人で共同所有するカーシェアリングと自動運転を組み合わせることで，公共交通の減少により移動が困難となってきている高齢者等の交通手段を確保するという課題の解決にもつながるかもしれません。自動運転の実現は，トラックドライバー不足の課題の解消につながることも期待されています。

3 教育DX

教育のデジタル化の取り組みとして，ICT端末の普及があります。GIGAスクール構想により，全国ほとんどの小中学校で一人に一台の情報端末が普及しています。

学校では児童・生徒に情報端末を使ってテストを行ってもらい，その解答をもとに一人ひとりの苦手分野や到達目標に合わせた最適な課題を出題するなどの活用が行われています。教員は，児童・生徒が行う課題の準備やテストの採点，解答の取りまとめなどの業務から解放されるだけでなく，学習の進捗状況などを容易に把握できるようになります。

4 デジタル・シティズンシップ

01 デジタル・シティズンシップの要素

　ICTの世界的な普及に伴い，私たちの社会が大きく変化してきました。この変化に対応し，ICTを有効活用すること，また，私たち一人ひとりがデジタル社会の善き担い手となるための規範を身に付けることが求められています。このようなICTを活用して社会に積極的に関与し，参加する能力を**デジタル・シティズンシップ**といいます。

　デジタル・シティズンシップには，9つの要素があるといわれています。

　それまで，アメリカの情報教育規準で定義されてきたデジタル・シティズンシップの要素を，2019年に出されたリブル氏とマーク氏の共著「学校リーダのためのデジタル・シティズンシップハンドブック」では，9つの要素として定式化し，それらの要素の定義，解説，事例を示しています。アメリカにおけるデジタル・シティズンシップの9つの要素の項目と内容(概要)は，次の表の通りです。

表　デジタル・シティズンシップの9つの要素

項　目	内容(概要)
1．デジタル・アクセス	情報技術や情報源への平等なアクセスであり，教師や管理者は，学校内だけでなく家庭内も含めて，誰がアクセスできるのか，できないのかを把握しておく必要がある。
2．デジタル・コマース	ネット上での商品やサービスの商取引(売買)で，ネット上で安全に売買できるようなツールや安全対策について検討する。
3．デジタル・コミュニケーションとコラボレーション	ネット上の対話と協働のことで，ネットの利用者は，自分の考えや思いを，他の利用者に適切かつ安全に伝えて，どのように共有すれば良いかを考える。
4．デジタル・エチケット	ネット上での礼儀正しい行動基準のことで，情報機器を利用する際の他者への配慮でもある。
5．デジタル・フルーエンシー	情報技術の利用方法を理解し流暢(フルーエンシー)に活用することである。デジタルリテラシーといわれていた用語で，情報リテラシーやメディアリテラシーも含まれる。
6．デジタル・ウェルネス	デジタル世界における健康と福祉のことである。情報技術を必要に応じてコントロールすることで，身体的・心理的にもバランスのとれた健康的な生活を送ることができる。
7．デジタル・法と規範	デジタル規範は，デジタル世界での守らなければならない規律である。デジタル法は，例えば，ネット上のデジタルコンテンツの利用について，適切(もしくは合法)か不適切(もしくは違法)かを考えることである。
8．デジタル・権利と責任	デジタル世界のすべての人に保障される権利とそのために求められる条件(責任)である。
9．デジタル・セキュリティとプライバシー	ネット上の安全性を確保するための電子的な予防であり，情報を守るための適切なセキュリティ対策を行うことである。

参考文献
・坂本，芳賀，豊福，今度，林：デジタル・シティズンシップ，大月書店，2020.12
　坂本旬：第1章p.13－p.22
・Mike Ribble, Marty Park：The Digital Citizenship Handbook for School Leaders: Fostering Positive Interactions Online，2019/6/27

02 デジタル・シティズンシップの考え方〜消極的な態度から積極的な態度への転換〜

　インターネットをはじめとしたICT機器を利用する際に「〜しないようにしましょう」「〜禁止」のような消極的な接し方がされてきた。これに対して，一人ひとりがどのような行動を取るとICT機器をより効果的に活用できるかを主体的に考えることをデジタル・シティズンシップといいます。この力を身に付けるためには，一人ひとりが日頃から何が正しいか，どうすればよりよくなるかを考えていくことが求められます。

　私たちは，インターネットを利用する際，学校や会社から与えられたアカウントと個人で所有しているアカウントとを使い分けているように，いくつかのアカウントをその都度使い分けていることが多いことでしょう。

　学校や会社で与えられたアカウントでICT機器を利用する場合，より公的な利用になりますし，個人のアカウントで利用する場合，より私的な利用になります。これらを上手に使い分けることも，デジタル・シティズンシップとして求められます。

 公的な利用 … 　私的な利用 …

　ソーシャルメディアは，その先に生身の人間がいることを意識するという視点が欠けてしまうと，その危険性やネガティブな側面ばかりが強調されてしまうことが多いツールです。しかし，その先にいる相手が血の通った大切な人であることを自覚して使うことで，自身の投稿が周囲に良い影響を与えたり，広く社会に影響を与えたりすることもあります。対面でもネットワークを介してでも，同じように責任感をもって情報発信をしていくことが，よりよい社会を創っていく担い手として求められる態度です。

03 多様性を認める社会へ

　デジタル・シティズンシップを通して創造していきたい社会とは，多様性を認めるというダイバーシティと，ダイバーシティを前提に互いに影響しあい高めあっていくというインクルージョンを実現していくことです。

　自分だけの利益を求めてしまうと社会の中の一人としての考え方が欠落してしまい，利己的になってしまいます。最も大切なことは，デジタルの有無にこだわらず，一人ひとりが社会を創る担い手であるという自覚をもちながら，どのような社会を築いていきたいかということを常に考え続けていくことです。

　社会には，自分とは異なる多様な価値観をもった人たちが暮らしています。自分がされて嬉しかったことも，別の人にはそうではないかもしれません。他の人がどのような価値観をもって生きているかは，その人の声に耳を傾けなければわかりません。そのため対話を通じて，価値観の多様性を理解し，受け入れていくことが求められます。ネットワーク上では相手の顔が見えないため，特に大切にしたい心構えです。

1 いろいろな暗号 〜さまざまな方式を確認してみよう〜

「暗号化」とは，意味ある情報あるいは，知られたくない情報を通信者どうしだけがわかり，第三者には意味がわからない情報に変換することです。暗号化の方法には，次に示すようなさまざまな方式があります。

01 換字暗号方式

文字をほかの文字に1文字以上ずつ置き換えて作成された暗号

■ 換字暗号表による復号

右のような表を換字暗号表といいます。

A	B	C	D	E	F	G	H	I	J	K	L	M
⇩	⇩	⇩	⇩	⇩	⇩	⇩	⇩	⇩	⇩	⇩	⇩	⇩
T	K	R	Q	C	X	H	U	B	F	N	D	V

■ シーザー暗号

アルファベットの文字列のそれぞれの文字をアルファベット順に何文字かずらして暗号化する方法を**シーザー暗号**といいます。

A	B	C	D	E	F	G	H	~	T	U	V	W	X	Y	Z
A	B	C	D	E	F	G	H	~	T	U	V	W	X	Y	Z

■ 数字暗号

五十音表に文字を割り当て，数字で暗号化する方法を**数字暗号**といいます。

列＼行	1	2	3	4	5	6	7	8	9	0
1	ア 11	イ 12	ウ 13	エ 14	オ 15	A 16	B 17	C 18	D 19	E 10
2	カ 21	キ 22	ク 23	ケ 24	コ 25	F 26	G 27	H 28	I 29	J 20
3	サ 31	シ 32	ス 33	セ 34	ソ 35	K 36	L 37	M 38	N 39	O 30
9	ラ 91	リ 92	ル 93	レ 94	ロ 95	1 96	2 97	3 98	4 99	5 90
0	ワ 01	ヲ 02	ン 03	濁点 04	半濁点 05	6 06	7 07	8 08	9 09	0 00

02 転置暗号方式

平文の文字を並べ替えて暗号文を作成する暗号

■ スキュタレー暗号

紙を棒に巻き付けたあと棒から外すと，縦書きに暗号文が現れ，これを**スキュタレー暗号**といいます。スキュタレーとは，紙を巻き付ける棒のこと。

暗号文：TIEHSNIASP
↓
平文：THISISAPEN

■ 蜘蛛の経路

四角形に文字を並べ，中央から決まった順序に読み進めていく暗号化方式。蜘蛛の巣のような経路で読み進めることから，**蜘蛛の経路**と呼ばれています。

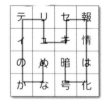

テ	リ	セ	報
イ	ュ	キ	情
の	ぬ	暗	は
か	な	号	化

■ 回転グリル

正方形のマス目に穴を開け，穴の空いている箇所の文字を読むことで

暗	の	ュ	情
報	り	か	号
テ	セ	化	な
め	は	キ	ィ

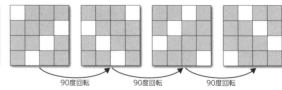

90度回転　90度回転　90度回転

復号する暗号化方式。マスクするマス目は90度ずつ回転させていきます。

2 ネット依存症 ～あなたは大丈夫か，確認してみよう～

　ネット依存症とは，ネットに熱中しすぎて，いつもネットに触れていないと落ち着かない状態になるものです。ネット依存症は，本来パソコンを通してオンラインゲームに熱中し過ぎることなどをさしていました。ところが，昨今のスマートフォンの普及により，いつでもどこでも手軽にネットに接続することができるようになりました。そのため，ネットの依存に拍車がかかっており，大きな社会問題に発展しています。

01 主な生活面での影響

　ネット依存は深刻な問題になっており，ネット依存症になると，生活面でさまざまな支障が出てきます。ネット依存症になると生活のリズムが乱れ，健康面，精神面，学業面，対人面，そして家庭で次のような影響が出てきます。

1 健康面の主な問題
- 視力の低下，頭痛，吐き気，倦怠感など
- 体力がなくなる
- 栄養失調状態になる
- 骨粗鬆症のリスクが高くなる

2 精神面の主な問題
- 眠れなくなる
- 感情のコントロールができなくなる
- 現実世界では無気力になる
- いつもイライラしている
- キレやすく攻撃的になる
- 現実の社会とかかわるのが面倒になる
- 常識がずれてくる

3 学業面の主な問題
- 遅刻，授業中の居眠りが増える
- 学習意欲が低下し，成績が落ちる
- 不登校になる

4 対人面での問題
- 学校の友達と遊ばなくなる
- オンライン上の友達のほうを大切にする
- 現実の友達とのコミュニケーションが取りにくくなる

5 家庭での主な問題
- 生活習慣が乱れる
- 家庭での会話が激減する
- 話がかみ合わない
- 親子げんかが増える
- 金遣いが荒くなる

(樋口　進監修：ネット依存症から子どもを救う本．法研．平成26年4月)

02 ネット依存症の予防

　ネット依存症であることをみずからが認めること，さらには，ネットに依存することをみずからの意思で自発的にやめることは困難であるといわれています。ネット上のゲームやコミュニケーションに過度にのめり込んで，ネット依存の傾向にないか，インターネット依存度のテストなどで自分を振り返ってみましょう。そして，ネットの利便性と危険性を理解したうえで，ネットを上手く利用していくことが大切です。

　また，眠れなくなる，授業中や仕事中の居眠り，遅刻など生活面で影響が出ていないかも振り返ってみましょう。ネット依存症という病気になる前に，早期に発見して早急に対応することが大切です。生活への影響が多く出ているなら，ネット依存の治療をする必要があります。家族とも相談して，早めに病院を受診しましょう。

03 今のネット依存度は？

　参考のWebページにある「インターネット依存度テスト」をやってみましょう。各質問について自分にあてはまるものを選択しましょう。自分に関係のない質問であれば「全くない」を選びます。チェックが終わったら「判定」を選択し，判定結果を見て自分の状態を確認してみましょう。

参考：久美浜医療センター　https://kumihama.hosp.go.jp/hospital/screening/iat.html

87

【解説・確認】 ～情報関連法規Q&A ～

情報関連の法規をQ&Aの形式で説明します。

Q&A 著作権

Q01 どうして著作権を保護しなければならないのですか？

A01 著作権法第1条では、「著作物等の文化的所産の公正な利用に留意しつつ、著作者等の権利の保護を図り、もって文化の発展に寄与することを目的とする」となっています。つまり、著作物など知的財産を創出した人の権利を認めて、すぐれた知的財産がより多く創出されることを目指しているからです。

なお、著作権を取得するための手続きは不要で、著作権はその著作物をつくったときに発生します（無方式主義）。

Q02 著作物を利用する場合はどのようにしたらよいのですか？

A02 著作物を利用する場合は、特例を除き、著作権者の許諾を得なければなりません。特例とは、一部を引用する場合や、私的な使用、学校の授業での利用、福祉の目的で利用される場合などです。また、公共の図書館でも利用が認められています。

Q03 「私的な使用」とは、どのような使用のことですか？

A03 私的とは、家庭内での使用のことです。たとえば、自分でテレビ番組を録画しておいて、あとで観るというような場合です。また、自分の学習のために資料をコピーすることもあてはまります。しかし、他人のために行う行為はあてはまりません。

Q04 「学校での利用」とは、どのような利用のことですか？

A04 著作権法第35条では、学校で行われる授業において、必要と認められる場合に限り、教師や児童・生徒は著作権者に無断で著作物を利用することができます。ただし、著作権者の利益を不当に害する場合はこの限りではありません。

なお、教育機関の設置者（教育委員会、学校法人など）が補償金を「一般社団法人授業目的公衆送信補償金等管理協会」に支払うことで、事前許可なしでインターネット経由での授業においても、著作物を利用できる制度（授業目的公衆送信補償金制度）ができました。

Q05 「福祉の目的での利用」とは、どのような利用のことですか？

A05 視聴覚障がいの方のために、著作物を録音したり、点字や字幕に変換したりして提供することを目的に利用する場合のことです。

Q06 学園祭の音楽クラブの演奏として、有名な曲を演奏したいのですが、どのようなことに注意すればよいのでしょうか？

A06 学園祭ということで演奏が営利目的でないので、出演者の報酬もなし、入場料も無料ということであれば、著作権者の了解なしに演奏することができます。ただし、演奏に必要な楽譜を無断でコピーして利用することは、認められていません。

Q 07 インターネットで提供されている著作物は，どのように利用したらよいのですか？

A 07 インターネットで提供されている著作物も，印刷や録音，録画してある著作物と同様に扱います。インターネットなど，公衆に情報を発信することを公衆送信とよびます。公衆送信する行為を許すかどうかは，著作権者に権利があります。よって，自分のWebページに他人の著作物を勝手に掲載することも公衆送信権の侵害になります。

Q&A 個人情報保護法

Q 01 個人情報保護法とは，どのような法律ですか？

A 01 個人の権利・利益を保護することを目的とし，2003年に制定，2005年から施行された「個人情報の保護に関する法律」です。
指紋などの個人識別符号も個人情報に含まれます。また，特定の個人を識別することができないように個人情報を加工すれば（匿名加工情報），世の中に役立てられるようなデータとして利用できます。

Q 02 自宅で撮影した写真や旅行中の動画などをWebページやSNSなどで公開した場合，どのような問題が考えられますか？

A 02 GPS内蔵のディジタルカメラやスマートフォンで撮影すると，ジオタグとよばれる位置情報が写真に付加されていることがあり，位置情報から地図上に自宅の位置を表示することができます。また，旅行中の写真や動画からも，個人や家庭の状況などが知られることにもなり，これらの情報は，犯罪などに利用されることがあります。

Q 03 インターネットでショッピングを行うとき，以前に閲覧したサイトのアクセス時間や閲覧した関連商品が，表示されたりするのはなぜでしょうか？

A 03 これは，Cookie（クッキー）という技術によるもので，サービスを提供している会社が，Cookieというファイルをユーザの端末に送り，アクセス内容を保存しているからです。ユーザはサービスを提供している会社に閲覧データの書き込みを許可し，代わりに利便性を享受していることになります。ユーザは，Cookieの設定レベルを変更することにより，受け入れないようにすることもできます。

Q 04 学校に設置されている共用パソコンで，閲覧や検索したりする場合，どのようなことに注意したらよいでしょうか？

A 04 個人のデスクトップ環境ではなく，共用のデスクトップ環境でWebブラウザを利用している場合は，閲覧履歴に注意する必要があります。閲覧履歴が残っているときは，必ず閲覧履歴を消去してから終了しましょう。また，Webブラウザでメールを見たときにも，IDやパスワードなどが保存されていないか注意しましょう。

Q 05 学園祭などの行事で，友人と撮った写真を自分のWebページやSNSなどに載せる場合，どのようなことに注意すればいいでしょうか？

A 05 写真に写っている人の肖像権があるので，Webページなどに掲載するときは，許可をとっておく必要があります。ただし，背景に大勢が写っている場合，被写体が風景の一部になっているようなとき，ぼやけて個人を特定できないようなときは，肖像権の侵害にはならないでしょう。

Q&A　プロバイダ責任制限法

Q01　プロバイダ責任制限法とは何ですか？

A01　インターネット上のWebページや電子掲示板などに掲載された情報で名誉毀損や著作権侵害があったとき，プロバイダや掲示板管理者が負う損害賠償責任の範囲や，情報発信者の情報の開示を請求する権利について定めた法律のことです。

Q02　「発信者情報開示請求権」って何ですか？

A02　加害者が誰かということがわかっていれば，直接クレームをいったり訴訟を起こしたりできますが，インターネットの場合には情報の発信者が不明であることが多く，一般的にプロバイダにとっても通信の秘密を守るために発信者情報を明らかにはできません。そこで，明らかに権利が侵害されたときや，開示請求者が損害賠償請求をするのに必要な場合には，プロバイダに対し発信者情報を開示請求できるという権利です。

Q03　インターネットの掲示板に私の誹謗中傷が書かれた記事を見つけました。削除するにはどうすればいいですか？

A03　その掲示板を運営する管理者もしくはプロバイダに連絡を取り削除依頼をしてください。名誉毀損などの犯罪として被害を届け出る場合は，最寄りの警察署，または都道府県警察サイバー犯罪相談窓口に相談しましょう。

Q&A　不正アクセス禁止法

Q01　不正アクセス行為とはどのような行為ですか？

A01　「不正アクセス行為の禁止等に関する法律」では，アクセス制限機能がある情報機器やサービスに対し，他人のIDとパスワードを入力してなりすましてシステムに侵入したり，セキュリティホールを攻撃してネットワークやコンピュータ内部に侵入する行為が不正アクセス行為になります。

Q02　実際に不正アクセスをしていなくても罰せられる場合があるのですか？

A02　不正アクセス準備罪として，他人のIDやパスワードを意味もなく集めたり，それらを他人に提供したり保管することや，アクセス管理者になりすましたりアクセス管理者と誤認させてIDやパスワードを求めるフィッシングサイトをつくったり，フィッシングメールを送るだけで罰せられます。

Q03　知人のメールアドレスを他人に教えることは不正アクセス準備罪になりますか？

A03　メールアドレスは一般に「名前@組織」の形式になっており，メールアドレスの名前部分がIDだと考えられます。知人のメールアドレスを他人に教える行為そのものが不正アクセス準備罪にならないように，知人に声をかけて承諾を得ておくことが望ましいでしょう。

【解説・確認】〜重要用語解説〜

携帯電話
1
無線通信により，携帯することが可能となった電話機。

スマートフォン
1
パソコンと同等の機能を持ち，携帯電話より画面が大きい通話ができる情報通信機器。

マナーモード
1
着信音を鳴らさないようにするために，着信の合図をバイブレータや消音にする機能。

SNS
2
参加するユーザが互いにプロフィールや写真，日記などを公開しながら，幅広いコミュニケーションを取り合うことを目的としたコミュニティ型のWebサイト。

コミュニケーションアプリ
2
LINEなどのように，メッセージ交換だけでなく，音声通話やビデオ通話などもできるアプリをいう。

ソーシャルメディア
2
インターネット上において，ユーザが参加することでコミュニケーションが飛躍的に広がっていく，双方向なメディアの総称で，ブログやSNSなどが含まれる。

LINE外し
3
LINE上でメッセージのやり取りをする仲間内で，ある特定の個人を除外したり，誹謗中傷を繰り返して退会に追い込んだりすること。いじめにつながる場合がある。

既読スルー
3
LINEでメッセージが読まれているにもかかわらず，相手からの返信がない状態のこと。一方で，メッセージを読まず，既読をつけないまま放置することを「未読放置」という。

エコーチェンバー
4
ソーシャルメディアを利用する際，自分の意見を発信すると，自分と似た意見が返ってくる状況のこと。共鳴室（エコーチェンバー）からきている言葉である。

オンデマンド
4
利用者の要求に応じてサービスを提供すること。

電子メール
4
インターネット上でメッセージをやり取りするサービスのこと。

プライバシー
4
知られたくない情報を公開されたり，他人から干渉や侵害を受けたりしない個人の私生活上の自由をいう。プライバシー権という。

クロスチェック
5
インターネット上の情報が信頼できるものかどうかを判断する方法の一つで，メディアや書籍など複数の情報源から提供された情報を比較し検証すること。

ハッシュタグ
5
SNSに記事を投稿する際，"#"（ハッシュ）マークの後にキーワードを入力することで，検索しやすくする仕組みをいう。

フィルターバブル
5
おすすめ表示の情報を見続けていると，自分の考え方や価値観に合わない情報から隔離されるため，自分が見たい情報だけを見て，偏った情報をもとに判断してしまうこと。

マスメディア
5
世の中の出来事を不特定多数の人に伝えるメディアのこと。

検索エンジン
6
インターネット上のWebページの膨大なデータの中から，検索キーワードに合致した情報を瞬時に表示する仕組みやサービス。

情報の特徴（残存性）
6
情報を「もの」と比較したとき，人に渡してもなくならない特徴のこと。

情報の特徴（伝播性）
6
情報を「もの」と比較したとき，短時間に広がる特徴のこと。

情報の特徴（複製性）
6
情報を「もの」と比較したとき，容易に複製できる特徴のこと。

信ぴょう性
6
その人の言葉や発信された情報が確かであると信用できる度合い。

フェイクニュース
6
デマと同じように，騒動を起こすことを目的に発信された，誤解を招くような悪意のある虚偽情報のこと。

ネット依存
7
いつもインターネットを利用していないと落ち着かない状態になること。

ペアレンタルコントロール
7
子供に悪影響を及ぼす恐れがある映像ソフト，ゲームソフト，Webサイトなどを，閲覧や利用ができないように，保護者が監視・制限する取組や機能・サービスのこと。

Exif
8
デジタルカメラ用の画像ファイルの規格で，カメラの機種や撮影時の条件を画像に埋め込んでいる。

GPS
8
人工衛星から発信される電波を利用して，自分の位置を正確に測定するシステム。

位置情報システム
8
スマートフォンなどの情報機器の現在位置の情報を提供するシステムのこと。

【解説・確認】〜重要用語解説〜

ジオタグ
8 GPS機能を内蔵したデジタルカメラやスマートフォンで撮影した写真データに付加される追加情報で，地図上で緯度と経度を示す数値データ。

プロバイダ
8 企業や個人に対して，インターネット接続のサービスを提供するネットワーク産業のこと。インターネット・サービス・プロバイダ(ISP)ともいう。

肖像権
9 他人から無断で撮影されたり，撮影された写真を勝手に公表されたりしないように，肖像(容姿やその写真・画像など)を主張できる権利。

パブリシティ権
9 有名人は，肖像に商品販売などの促進力を併せ持つことがあり，それを他人に勝手に使われない権利。

プライバシーの権利
9 → プライバシー(→ 4)

ストリーミング
10 インターネット上にある音楽データや動画データなどを受信しながら再生する技術。ダウンロードでの配信と違い，ダウンロードの待ち時間が必要ない。

動画共有サイト
10 インターネット上で，動画を自由に投稿・共有できるサイト。アニメ，音楽などジャンルは広く，さまざまな動画が投稿されている。

特定商取引法
11 特定商取引に関する法律。事業者による違法・悪質な勧誘行為などを防止し，消費者の利益を守ることを目的としている。

匿名
11 自分の顔や姿，名前を隠して言動すること。

ネットオークション
11 インターネットなどの通信サービス上で行われるオークション(競売)で，インターネットオークション，オンラインオークションとも呼ばれる。

ネットショッピング
11 インターネットショッピングのことで，インターネット上に商店をかまえ消費者に商品を販売するオンラインショップ(電子商店)が最も一般的な形態である。

フリマサイト
11 フリーマーケットのように，ユーザ間で売買・商取引が行えるサービスで，出品者が販売価格を設定することができる。

ゲーム障害
12 ソーシャルゲームなどに没頭しすぎることでほかのことが手につかなくなるなどの症状のこと。長期間このような状態が続くと，病気として診断される。

ソーシャルゲーム
最初は，携帯端末向けの簡易型ゲームで，インターネットを経由してプレーヤーともやり取りできるゲームであった。専用のクライアントソフトウェアを**12** 必要とせず，WebブラウザとSNSアカウントのみで利用可能になっている。

HTMLプレビュー
13 メールソフトのHTMLメールを受けとった時に，中身(色や写真で装飾された内容)を自動的に表示される機能のこと。

架空請求
13 架空の請求書を無作為にメールで送りつけ，支払いを要求する詐欺。請求の内容は適当にでっち上げたでたらめで，請求対象の商品やサービス自体が架空のものである場合も多い。

チェーンメール
13 受信者に誰かへ転送させることを目的とした電子メール。「誰かに送らないと不幸になる」などと脅す内容のメールもある。

なりすまし
13 他人のユーザIDやパスワードを許可なく使用することで，その人のふりをしてネットワーク上で活動すること。本来その人しか見ることができない情報を盗み出すことがある。

迷惑メッセージ
13 電子メール，SMS，SNSなどを介して送信されるメッセージ。広告宣伝，架空請求，詐欺，なりすまし，コンピュータウイルス，チェーンメールなどがある。

ICカード
14 情報を記録したり，演算したりするために，集積回路(IC, Integrated Circuit)を埋め込んだカードのこと。

キャッシュレス決済
14 現金を利用しない決済で，電子マネーやQRコード決済がある。電子マネーは，交通系ICカードを決済端末にかざすことで支払いができる。また，QRコード決済は，店舗情報が埋め込まれたQRコードをスマートフォンで読み取り，店側が支払い金額を確認することで支払いができる。

クラウドファンディング
14 クラウド(crowd：群衆)とファンディング(funding：資金調達)を組み合わせた造語で，気軽にインターネット上で投資や支援ができること。なお，「募金や支援金をだまし取る」，「返礼の商品を届けない」などの事例があり，これらのことをクラウドファンディング詐欺という。

電子マネー
14 データ通信での決済に利用できる，貨幣価値を電子的なデータで表現したもの。IC型電子マネー(ICカード)，スマートフォンを用いた電子決済などがある。

フィンテック
14 金融(finance)と技術(technology)とを組み合わせた造語で，情報技術を活用した金融サービスのこと。銀行などのATMやインターネットバンキングのような金融機関が直接提供するサービス以外にも，キャッシュレス決済，家計簿アプリ，仮想通貨など金融機関以外が提供するサービスもある。

オンライン詐欺
15
フィッシング詐欺，ワンクリック詐欺など，インターネット上の詐欺の総称。

スミッシング
15
スマートフォンのSMS(ショートメッセージサービス)を悪用してフィッシングサイトなどに誘導するフィッシング詐欺の一種。

電子証明書
15
公開鍵の持ち主を証明する電子データのこと。

フィッシング詐欺
15
実在の企業名やサービスを装ったメールを送付し，そのメールに記載されたリンクから本物のWebサイトに似せたサイトに誘引して，IDやパスワード，クレジット番号などを入力させて，個人の情報を盗みだす一連の手口のこと。

不当請求
15
身に覚えのない請求書をメールで送りつけ，不当な支払いを要求する詐欺のこと。請求対象の商品やサービス自体が架空のものである場合は，架空請求という。

ワンクリック詐欺
15
Web上のURLやメールに記載されたリンクやボタン・画像などをクリックすると，勝手に入会させられたり，利用料金を請求されたりする詐欺。

IPアドレス
16
インターネットでの住所にあたるもので，数字の列でできている。現在普及しているIPv4(IP version 4，32ビットのアドレス)と，普及しつつある拡張されたIPv6(128ビットのアドレス)がある。

炎上
16
ある特定のサイトに批判的なコメントやトラックバックが殺到する現象。本来のコミュニケーションの場としての機能が果たせなくなり，サイトの閉鎖に追い込まれることもある。

誹謗中傷
16
相手に対して，いやがらせや悪口をいうこと。特定の個人に対して，不特定多数のユーザが，SNSなどを通して執拗な誹謗中傷をネットリンチと呼ぶことがある。

プロバイダ責任制限法
16
Webページや電子掲示板などでの個人の権利の侵害について，プロバイダなどの損害賠償責任の明確化と発信者情報の開示請求のための要件などについて定めた法律。

基本四情報
17
個人を特定する場合に使われている，「氏名」「性別」「住所」「生年月日」の四つの情報。

個人情報
17
生存する個人に関する情報で，単独，あるいは組み合わせて個人を識別できる情報。基本的事項としては，氏名，性別，住所，生年月日(基本四情報)などがある。

マイナンバー制度
17
日本に住民票を有するすべての人に12桁の番号を割り当て，複数の機関に存在する個人の情報が同一人物の情報であることを確認する制度。

アクセス許可
18
スマートフォンに登録されたデータ，GPS情報などに，アクセスできるように設定できる機能。不必要なアクセスは許可しないように，個別に設定する必要がある。

ソーシャルエンジニアリング
18
関係者の不適切な管理を利用して，IDやパスワードを入手すること。なお，廃棄された紙ゴミなどから，IDやパスワードを入手することをトラッシングといい，ソーシャルエンジニアリングの手口の一つである。

HTTPS
19
Webページを閲覧するサービスで使われる通信規約(プロトコル)で，SSLで暗号化されたWebページを閲覧するプロトコルのこと。

エゴサーチ
19
自分や自分が所属している組織の名前を検索すること。自己(エゴ)，検索(サーチ)を組み合わせた言葉である。

個人情報保護法
19
個人情報の保護に向けた積極的な取組を促進するために制定された法律(正式名称は，個人情報の保護に関する法律)。

個人認証
19
個人が間違いなく本人であることを確認すること(本人認証ともいう)。

サーバ証明書
19
電子署名を利用して作成したサーバが，クライアントに送信する証明書。

プライバシーポリシー
19
個人情報保護方針ともいう。インターネットのWebサイトにおいて，個人情報をどのように扱うかをサイトの管理者が定めたものをいう。

プライバシーマーク
19
個人情報保護法の内容に適合し，適切に管理している一般社団法人「日本情報経済社会推進協議会(JIPDEC)」が認定したことを示すマーク。

人工知能(AI)
20
人間の脳が行っているあらゆる作業(知能)を，コンピュータで再現する仕組み。

匿名加工情報
20
特定の個人を識別することができないように個人情報を加工し，当該個人情報を復元できないようにした情報。

ビッグデータ
20
日々さまざまなデータが蓄積されていく巨大なデータの集まり。

【解説・確認】〜重要用語解説〜

意匠権
21 物品の形状，模様，色彩など，ものの外観としてのデザインが保護対象となる権利。出願から25年保護される。

クリエイティブ・コモンズ
21 著作権者が自らの著作物の再利用を許可するにあたり，許可条件を手軽にわかりやすく表示する方法の普及を図っている国際的非営利団体の名称。そのライセンスの形態をクリエイティブ・コモンズ・ライセンスという。

商標権
21 商品やサービスについて自他の識別力を持つ文字，図形，記号，立体形状，音やそれらを組み合わせたものに対する権利。具体的な商品名やロゴマークなどがそれにあたる。

著作権
21 文芸，絵画，音楽，ダンスなどの思想や感情を創作的に表現したものを保護の対象とする権利のことで，この権利は著作物を創作した時点で自動的に発生する。

著作物
21 思想または感情を創作的に表現した文芸，芸術，美術または音楽の範囲に属するもの。

デジタルすかし
21 画像や著作権情報などを，電子的に埋め込む技術。デジタルすかしをいれた画像は，見た目には元の画像と変わらない。

パブリックドメイン
21 著作権者が著作権を放棄した著作物，もしくは，著作権の保護期間が終了した著作物のこと。

DRM
22 不正に複製されて流通することがないようにする技術の総称であるデジタル著作権管理（Digital Rights Management）の略。具体的には，対応機以外は複製できない，複製回数に制限をかけたりしている。

著作隣接権
22 著作物を実演する際に生じる権利であり，歌手，演奏家，役者などの実演家が，実演する際に生ずる。

引用
23 報道，批評，研究などの正当な目的のもとに，他人の著作物を部分的に利用すること。

授業目的公衆送信補償金制度
23 教育機関の設置者（教育委員会，学校法人など）が補償金を「一般社団法人授業目的公衆送信補償金等管理協会」に支払うことで，事前許可なしでインターネット経由での授業においても，著作物を利用できる制度。

出典
23 著作物の作者や出所および情報源のこと。著作物を引用する際に明記する。

所有物認証
24 ICカードなど，本人が所有しているものを使って認証を行う方法。

生体認証
24 バイオメトリクス認証とも呼ばれ，人間の身体的特徴を利用した本人確認の方法。

多段階認証
24 認証の段階を2回以上行って認証する方式。例えば，二段階認証の場合は，IDとパスワードでログインした後，「秘密の質問」の答えを入力する方式などがある。

多要素認証
24 知識認証（パスワードなど本人にしか知りえない知識を利用して行う認証），所有物認証（鍵やICカードなど所有者のみが有しているものを利用した認証），生体認証（顔，指紋など身体的特徴を利用した認証）から二つ以上の要素を組み合わせて行う認証のこと。

知識認証
24 パスワードなど，本人のみが知っている情報を使って認証を行う方法。

認証
24 ユーザID（個人を識別するための情報）とパスワード（本人であることを確認するための情報）の組合せなどを使って，正規の利用者かどうかを確認すること。

パスワード
24 ユーザIDと組み合わせて利用されるパスワードは，利用者本人しか知らない記号，数字，文字などの組み合わせであり，本人確認のための認証方法の一つである。

ユーザID（ID）
24 個人を識別するための情報。
単に，ID（Identification）ともいう。

ログイン
24 コンピュータやネットワークの利用にあたり，使用者がアクセス可能な状態になることやその手続きのこと（ログオンともいう）。逆に，アクセスの終了はログアウト（ログオフ）という。

ワンタイムパスワード
24 ログインする際に，あらかじめ登録したメールアドレスやSMS，専用アプリに通知される一度だけかつ短時間に有効となるパスワード。

オンラインストレージ
25 オンライン上にデータやファイルを保存すること，または，その保存先のこと。

共有範囲
25 クラウドサービスで，ファイルなどを共有する際に，「非公開」「限定公開」「公開」の共有範囲を設定することができる。

クラウドサービス
インターネット上にあるサーバに，情報を保存したり処理させたりすることができるサービス。クラウドサービスの例としては，データをサーバ上に保存・

25 共有できるオンラインストレージ，音楽・動画のストリーミングサービスなどがある。

グループウェア
25 学校や会社などの組織で，情報交換，スケジュール共有，掲示板機能，ファイル共有，テレビ電話機能などを行うための情報システム。

アプリケーション（アプリ）
26 スマートフォンやパソコンで特定の作業をするためのソフトウェアのこと。アプリは，アプリケーションソフトウェア(application software)の略。

スパイウェア
26 利用者や管理者の意図に反してインストールされ，利用者の個人情報やアクセス履歴などの情報を収集するプログラムの集まり。代表的なものにキーロガーがある。

ウイルス対策ソフトウェア
27 ウイルス感染の予防策として，ウイルスを検出し，除去または隔離を行うソフトウェアのこと。ワクチンということもある。

ウイルス定義ファイル
27 ウイルス対策ソフトウェアは，ファイルの中に過去のウイルスと同じパターンがあるかどうかを調べるが，そのウイルスパターンを定義しているファイルのこと。

コンピュータウイルス
27 コンピュータに感染して増殖し，不要なメッセージを表示したり，ファイルを破壊したり，データを盗み出したりするプログラム。略してウイルスと呼ぶことも多い。

マルウェア
27 コンピュータウイルスなど，悪意のある行動をするソフトウェアやプログラムの総称。

アクセス制御
28 ネットワーク管理者が，利用者に対して適切なアクセス権を設定することで，特定の利用者だけがフォルダやファイルなどを利用できるように制限をすること。

可用性
28 情報セキュリティの3要素の一つで，許可された者が必要な時にいつでも情報にアクセスできるようにすること。

完全性
28 情報セキュリティの3要素の一つで，情報が正確かつ完全な状態を保持すること。

機密性
28 情報セキュリティの3要素の一つで，許可された者だけが情報にアクセスできるようにすること。

情報セキュリティの3要素
28 機密性（アクセスが許可された人のみが情報を利用できる），完全性（情報が他人に改竄されることなく正しい状態である），可用性（必要な人が必要なときのみ利用できる）の三つをいう。

不正アクセス
28 コンピュータの利用を許可されていない人が，他人のユーザIDやパスワードを使ったり，無断で他人のコンピュータを利用したりすること。

不正アクセス禁止法
28 アクセスを許可されていない人が無断で他人のアカウントを使用する行為（なりすまし）やコンピュータなどの脆弱性（セキュリティホール）をついて侵入する行為，不正なパスワードの取得や不正取得したIDやパスワードを保管する行為，他人に第三者のIDやパスワードを提供する行為は，不正アクセス禁止法で罰せられる。なお，正式名称は，「不正アクセス行為の禁止に関する法律」である。

フィルタリング
29 インターネット上の情報を，有用なもの，有害なものなどにふるい分けること。パソコンやスマートフォン上のアプリによるもの，ネットワーク機器でのサービスによるものなどがある。

フィルタリングの方式
29 フィルタリングには，ホワイトリスト方式，ブラックリスト方式，キーワード／フレーズ方式がある。

SSID
30 無線LANにおけるアクセスポイント（親機）の識別名のこと。メーカーがあらかじめ名前をつけているが，大文字，小文字を組み合わせて最大32文字までの名前をつけることができる。

SSL/TSL
30 共通鍵暗号方式と公開鍵暗号方式を組み合わせたハイブリッド暗号方式である。インターネットの暗号化通信でよく利用される。Secure Sockets Layer / Transport Layer Securityの略。

Wi-Fi
30 無線LANの機器同士で，相互にデータ通信ができることが保証されていることを示す規格。

暗号化
30 情報を送信する時，目的の受信者以外に情報を盗み見されないようにする方法。

共通鍵暗号方式
30 送信者と受信者が同じ共通鍵を使い暗号化と復号を行う方式。

公開鍵暗号方式
30 受信者が公開鍵をインターネット上に公開し，送信者がその公開鍵で暗号化を行って送信し，受信者は，秘密鍵を使用して平文に復号する方式。

公衆無線LAN
30 カフェやホテル，コンビニなどのさまざまな商業施設や駅や空港などにおいて，無料もしくは有料でインターネットに接続できる無線LANのこと。

復号
30 暗号文（暗号化されたデータ）を平文（暗号化する前のデータ）に戻すことをいう。

LINE ライン
友だちと無料通話とメッセージ交換

LINE の画面とさまざまな機能
スマートフォンで公式アプリを使用している場合

トーク

◯ よいところ	⚠ 注意すべきところ
▶気軽にメッセージを送り合える ▶1対1やグループでメッセージの送受信ができる ▶スタンプで感情を伝えられる ▶写真や動画などのメディアを送信できる	▶文章でのやり取りなので，勘違いが発生する可能性がある ▶設定のやり方によって見知らぬ人と友だちになってしまう可能性がある ▶グループに友だちではない人がいる可能性がある

無料通話

◯ よいところ	⚠ 注意すべきところ
▶無料で通話ができる ▶無料でビデオ通話ができる ▶グループで通話やビデオ通話ができる ▶海外にも無料通話ができる	▶通話の使用は無料であるが，インターネットの通信量は消費する ▶ビデオ通話の通信量は大きい （契約により，通信量が一定を超えると，速度制限などが行われる可能性がある） ▶原則，固定電話，携帯電話番号には無料通話でかけられない（固定電話，携帯電話番号にかけられる有料サービスもある）

「友だち追加」より安全な登録方法

　LINEはさまざまな友だち追加の方法があるが，追加の方法や設定によっては，見ず知らずの人や，つながりたくない人と友だちになってしまう可能性がある。

　QRコードによる友だち追加は，対面でつながる方法なので，それらの心配が減る。

① 　LINEを起動し，画面下のメニューから「ホーム」をタップする。

🏠 ホーム　💬 トーク　▷ VOOM　📄 ニュース　🗂 ウォレット

② 　「ホーム」画面右上の「友だち追加」のアイコン をタップする。

🔖　🔔　➕👤　⚙

③ 　「友だち追加」の画面の「QRコード」のボタンをタップする。

　　友だちになるどちらかのQRコードを表示させ，もう一方でQRコードを読み取る。

⚙　　　　友だち追加　　　　✕

＋　　　🔳　　　🔍
招待　　　QRコード　　検索

👥 友だち自動追加　　　　　[許可する]
連絡先を自動で友だち追加します。

👥 グループを作成
友だちとグループを作成します。

96

安全に LINE を使用するための設定

使っているスマートフォンの OS やアプリのバージョンによって，画面表示や操作が異なる場合があります

1.「友だち自動追加」と「友だちへの追加を許可」をオフにする

「友だち自動追加」がオンの状態だと，スマートフォンのアドレス帳の電話番号をもとに，自動的に友だちを追加してしまう。また，「友だちへの追加を許可」がオンの状態だと，電話番号を知っている誰かが，知らないあいだにあなたを友だちに追加する可能性がある。

① LINE を起動し，画面下のメニューから「ホーム」をタップする。

② 右上の歯車のボタンをタップする。

③ 「友だち」のボタンをタップする。

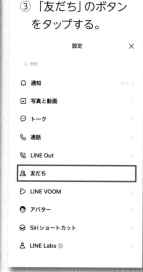

④ 「友だち自動追加」と「友だちへの追加を許可」をオフにする。

2. 友だち以外から「メッセージ受信拒否」をオン・「ID による友だち追加を許可」をオフにする

LINE では，相手があなたを友だち追加した場合に，あなたが相手を友だち登録していなくてもメッセージを受信してしまう。また，ID による友だち追加ができてしまう。見ず知らずの人からメッセージの受信や友だち追加ができないように設定しよう。

① LINE を起動し，画面下のメニューから「ホーム」をタップする。

② 右上の歯車のボタンをタップする。

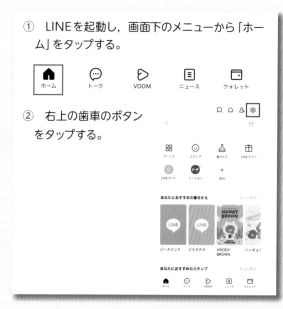

③ 「プライバシー管理」のボタンをタップする。

④ 「ID による友だち追加を許可」をオフ，「メッセージ受信拒否」をオンにする。

97

Twitter ツイッター
短文（ツイート）で「いまどうしてる？」を共有

Twitterの画面とさまざまな機能

Twitterの画面（ホーム画面）

Twitterの投稿には，いくつかの種類が存在する。

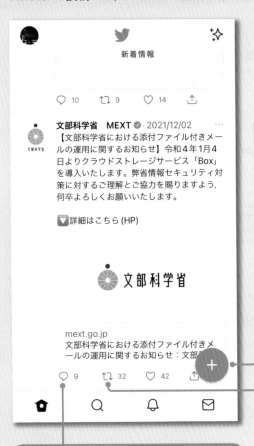

ツイート

「いまどうしてる？」を短文で投稿（つぶやき）できる。文章だけでなく写真や動画も投稿可能。

写真や音声，アンケート機能をツイートに追加することができる。

リツイートの種類

⟲ リツイート

✎ 引用ツイート

キャンセル

リツイート	引用ツイート
ほかのユーザのツイートを自分のアカウントのフォロワーに発信し，共有できる投稿のこと。	ほかのユーザのツイートを自分のアカウントのフォロワーに自分のツイートを付けて発信し，共有できる投稿のこと。

リプライ

誰かのツイートに対し，返信する投稿のこと。リプライされたユーザ，リプライを送受信したアカウントをどちらもフォローしているユーザのタイムラインに通知が届く。

◯ よいところ

▶ 情報を迅速（じんそく）に拡散することができる
▶ 情報の速報性が高い
▶ ニュースなどの情報収集に適している
▶ 有名人のツイートを気軽に見られる
▶ 実名制ではないので気軽に始められる
▶ 趣味が合う人を見つけやすい

⚠ 注意すべきところ

▶ 言葉のやり取りなので，誤解が生まれる可能性がある
▶ リプライやリツイートにより，デマやうわさが拡散しやすい
▶ 認証済みバッジ（✔）を確認することで，著名人のアカウントと認識できる方法がある

安全にTwitterを使用するための設定

使っているスマートフォンのOSやアプリのバージョンによって，画面表示や操作が異なる場合があります

1. 非公開アカウントにして許可したフォロワーのみ投稿を閲覧できるようにする

① ホーム画面左上のアカウント画像を押し，「設定とプライバシー」のボタンをタップする。さらに，「プライバシーと安全」をタップする。

② ツイートの項目の「ツイートを非公開にする」のボタンをタップし，オンにする。

← **オーディエンスとタグ付け**

Twitterで他のユーザーに表示する情報を管理します。

ツイートを非公開にする

ツイートをフォロワーにのみ表示します。この設定をオンにすると，今後は新しいフォロワーを1人ずつ許可する必要があります。詳細はこちら

自分を画像にタグ付けすることを許可　オフ ＞

2. 不適切な内容のメッセージをフィルタリングする

① ホーム画面左上のアカウント画像を押し，「設定とプライバシー」のボタンをタップする。さらに，「プライバシーと安全」をタップする。

- 🛡 **プライバシーと安全**
  Twitterで表示および共有する情報を管理します。 ＞
- 🔔 **通知**
  アクティビティ、興味関心、おすすめについて受け取る通知の種類を選択します。 ＞
- ♿ **アクセシビリティ、表示、言語**
  Twitterコンテンツの表示方法を管理します。 ＞

🏠　　🔍　　🔔　　✉

② ダイレクトメッセージの項目の「不適切な内容のメッセージをフィルタリングする」をタップしてオンにする。

すべてのアカウントからのメッセージリクエストを許可する

フォローしていないアカウントがメッセージリクエストを送信し、あなたをグループ会話に追加できるようにします。そのアカウントのメッセージに返信するには、リクエストを承認してください。詳細はこちら

不適切な内容のメッセージをフィルタリングする

スパムまたは不適切な内容の可能性があると判断されたメッセージリクエストを非表示にします。これらのリクエストは、メッセージリクエストの一番下にある別個の受信トレイに入れられます。希望する場合はそれらのリクエストを表示できます。詳細はこちら

3. リプライ(返信)できるアカウントを限定する

① 投稿ボタン(➕)をタップする。ツイート画面が表示された中の「全員が返信できます」をタップする。

② リプライ(返信)できるアカウントを「全員」，「フォローしているアカウント」，「@ツイートしたアカウントのみ」から選択する。

返信できるアカウント
このツイートに返信できるアカウントを選択します。@ツイートされたアカウントは常に返信できます。

- 🌐 全員 ✓
- 👥 フォローしているアカウント
- @ @ツイートしたアカウントのみ

※@ツイートとは，ツイートの中で「@」の後にユーザ名を入力したものである。
※投稿の公開範囲を制限できるわけではない。

Instagram インスタグラム
写真や動画を共有するサービス

Instagram の画面とさまざまな機能　スマートフォンで公式アプリを使用している場合

共有
特定のユーザにメッセージを添付して投稿を共有できる。また，ストーリーズに投稿を追加できる。

コメント
投稿にコメントできる。

いいね！
投稿に「いいね！」ができる。

投稿
投稿するために，画像や動画を選択する。画像や動画は，フィルターやコントラスト，明るさ，彩度などの画像処理を加えることができる。

また，投稿には，コメントやキーワードの頭に「#」（ハッシュタグ）を付けて投稿することで，写真を検索しやすくなる。

フィルター選択　　画像編集

ホーム画面
フォローしている人やフォローしているハッシュタグに関連する画像が表示される。

検索
ハッシュタグやアカウント，場所のキーワードを入力して投稿やユーザを検索できる。

アクティビティ
自分の投稿に「いいね！」をした人やフォロワーが増えたお知らせなどが表示される。

プロフィール
自分の投稿の一覧が表示される。自分のページのトップ画面のプロフィールや写真の整理，ストーリーズの投稿やハイライトの設定ができる。このページから，プライバシー設定などの細かい設定が行える。

【ストーリーズとは？】 通常の投稿とは違い，投稿から24時間投稿が表示される機能。リアルタイムで起きたことなどを投稿できる。投稿には，アンケートの追加やライブ映像を配信することもできる。ホーム画面とマイページから投稿が可能である。

○ よいところ
▶気軽に写真や動画を共有できる
▶好きな写真や動画を簡単に検索できる
▶「いいね！」で交流が深まる
▶ハッシュタグ「#」で趣味の合うユーザとつながることができる
▶写真や動画が中心のSNSなので，言語を超えて，世界中の人とかかわれる可能性がある

⚠ 注意すべきところ
▶写真の肖像権や著作権に注意が必要である
▶連絡先やほかのSNSとリンクする設定があるので，注意が必要である
▶ストーリーズは，24時間で投稿は表示されなくなるが，一度投稿したものはスクリーンショットなどで記録を残すことができるため，悪意のあるユーザによってネット上にデータが残される可能性がある

安全にInstagramを使用するための設定
使っているスマートフォンの OS やアプリのバージョンによって，画面表示や操作が異なる場合があります

1. 非公開アカウントにして許可したフォロワーのみ投稿を閲覧できるようにする

① プロフィール右上の三ボタンを押した後 ⚙設定 を選択し，「設定」の「プライバシー設定」をタップする。

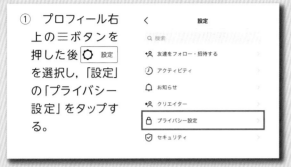

② 「非公開アカウント」のボタンをオンにする。

2. 二段階認証をオンにする

二段階認証（多段階認証）を有効にすると，パスワード以外にも，信頼できるデバイスの電話番号へメッセージ(SMS)を送ったりアプリを通して認証したりすることで，不正アクセスを予防できる。

① プロフィール右上の三ボタンを押して ⚙設定 を選択する。「設定」の「セキュリティ」をタップし，さらに「二段階認証」をタップする。

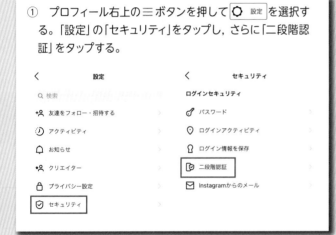

② いずれかの方法の二段階認証をオンにする。

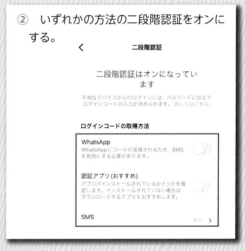

3. コメント・投稿・メンションなどのプライバシーを設定する

この設定にすることで，これらのアクションができるユーザの限定や，不適切なコメントを非表示にできるフィルターの設定などが可能になる。

① プロフィール右上の三ボタンを押して ⚙設定 を選択する。「設定」の「プライバシー設定」をタップする。設定したい項目（非表示ワード，抑制，コメント，投稿，メンションのいずれか）をタップし，それぞれの設定画面を開く。

② それぞれのプライバシーを設定する。

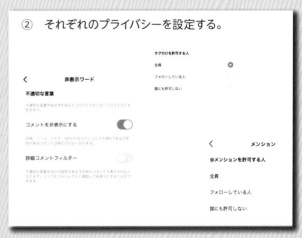

101

さくいん

■編著者

同志社女子大学　　　　　　　佐藤万寿美
　　　　　　　　　　　　　　　さとうますみ

NPO法人学習開発研究所　　　高橋参吉
　　　　　　　　　　　　　　　たかはしさんきち

■執筆者

兵庫県立人と自然の博物館　　坂井貴行
　　　　　　　　　　　　　　さかいたかゆき

埼玉県立春日部高等学校　　　髙野将弘
　　　　　　　　　　　　　　たかのまさひろ

愛知県立緑丘高等学校　　　　橋本正隆
　　　　　　　　　　　　　　はしもとまさたか

近江兄弟社高等学校　　　　　長谷川友彦
　　　　　　　　　　　　　　はせがわともひこ

三重県立亀山高等学校　　　　村山佳之
　　　　　　　　　　　　　　むらやまよしゆき

超スマート社会を生きるための
情報のセキュリティと倫理

表紙・本文デザイン／エッジ・デザインオフィス
マンガ／路みちる

2023年1月30日　初版第1刷発行

●著　　者──佐藤万寿美
　　　　　　　高橋参吉
　　　　　　　ほか5名

●発行者──小田良次

●印刷所──図書印刷株式会社

●発行所──実教出版株式会社

〒102-8377
東京都千代田区五番町5
電話〈営業〉（03）3238-7777
　　〈企画開発〉（03）3238-7751
　　〈総務〉（03）3238-7700
https://www.jikkyo.co.jp/

ISBN978-4-407-35840-7